U0504106

国外教育法律译丛

王云龙◎主编

# 俄罗斯教育法律选译

公 蕾 译

SELECTED TRANSLATION OF
RUSSIAN EDUCATIONAL
## LAWS

社会科学文献出版社
SOCIAL SCIENCES ACADEMIC PRESS (CHINA)

# "国外教育法律译丛"
# 序

"国外教育法律译丛"是教育立法研究重大课题"世界主要国家教育法治研究"（项目编号：JYBZFS2015005 号）成果载体之一，也是教育立法研究基地——东北师范大学国际教育法治研究中心的主要工作之一，包括世界有代表性的国家教育法律和教育政令等，或按专题，或按国别（区域），结集成卷。"国外教育法律译丛"围绕全面推进教育法治建设大局，为依法执教、依法治校提供立法参考和智力支持。

"国外教育法律译丛"得到教育部政策法规司王大泉副司长、教育部法制办公室副主任韩燕凤和翟刚学、东北师范大学杨晓慧书记、刘益春校长和韩东育副校长等领导的悉心指导和大力支持，在此深表感谢！

王云龙

2018 年 7 月 16 日

# 目　录

# 俄罗斯联邦教育法

2012 年 12 月 21 日　国家杜马通过

2012 年 12 月 26 日　联邦委员会批准

## 第一章　总则

**第一条**　本联邦法律的调整对象

1. 本联邦法律的调整对象，是教育领域中出现的与国家保障公民受教育权、教育权利和自由以及为受教育权创造条件等有关的社会关系（以下简称：教育领域关系）。

2. 本联邦法律决定俄罗斯联邦教育的法律、组织和经济原则，俄罗斯联邦国家教育政策的基本原则，教育体系运作和教育活动实施的一般规则，教育领域关系中各参与者的法律地位。

**第二条**　本联邦法律中使用的基本概念

1. 本联邦法律使用以下基本概念以实现本法的目的：

（1）教育——为个人、家庭、社会和国家利益而实施的、具有重要社会福利性质的、目标明确统一的德育和教学过程，是满足个体身心或职业发展及受教育需求而获得的一定数量和难度的知识、技能、经验等的总和。

（2）德育——在社会文化道德和行为规范准则基础上，为个人、家庭、社会和国家利益进行的旨在发展学习者个性，为其认识自我、适应社会创造条件的活动。

（3）教学——使学习者掌握知识、技能、熟巧，积累经验，发展能力，获得在日常生活中应用知识的经验，养成终生学习习惯且目标明确的活动。

（4）教育水平——具有统一固定标准的完整教育周期。

（5）职业技能水平——完成某类职业活动所需的知识、技能、熟巧和专长的掌握程度。

（6）联邦国家教育标准——由制定国家教育政策和法规的联邦权力执行机关批准的对某一教育水平或职业、专业和培养方向等的强制性要求的总和。

（7）教育标准——本联邦法律或俄罗斯联邦总统法令确定的高等教育组织对其专业和培养方向提出的强制性要求的总和。

（8）联邦国家要求——由授权的联邦权力执行机关根据本联邦法律的相关规定，批准的各补充职业教育大纲的最低内容、结构、实施条件和教学时长等的强制性要求。

（9）教育大纲——包含一系列教学基本特征（范围、内容和预期结果）、教学组织条件以及本联邦法律规定情形下的考核形式的文件，以教学计划、教学进度表、课程计划、课程（模块）、教学法材料和其他形式呈现。

（10）示范性基础教育大纲——一种教学法文件（示范性教学计划、示范性教学进度表、示范性课程计划），确定某一教学水平或教学方向的建议教学范围、教学内容、教育大纲实施的预期结果、教学活动的示范性条件以及示范性标准工资结算等。

（11）普通教育——旨在发展人的个性，使其掌握普通基础教育大纲规定的、在社会生活中必备的知识、技能、熟巧和专长，有选择职业的意识并接受职业教育的教育形式。

（12）职业教育——旨在使受教育者获得职业教育大纲规定的、

某些水平和范围内的知识、技能、熟巧和专长，使其在某一领域进行职业活动并（或）完成某一具体职业或专业工作的教育形式。

（13）职业培训——旨在使受教育者获得完成某些劳动和服务功能（特定种类的劳动和服务活动，职业）所需的知识、技能、熟巧，并形成能力的教育形式。

（14）补充教育——旨在全面满足人在智力、精神道德、体力或职业完善方面的要求，不伴随教育水平提高的教育形式。

（15）学生——正在学习教育大纲的自然人。

（16）健康状况受限学生——心理－医疗－教学委员会认定的身体或心理发展有缺陷的自然人，如果不创造特殊条件，其无法接受教育。

（17）教育活动——按教育大纲实施的活动。

（18）教育组织——在具备教育活动许可证的基础上，将教育活动作为主要活动形式、实现组织创立目标的非营利机构。

（19）培训机构——在具备教育活动许可证的基础上实施其他主要活动，将实施教育活动作为补充活动形式的法人。

（20）实施教育活动的组织〔教育机构（编者按）〕——教育组织和培训机构。为了便于本联邦法律对教育机构的划分，实施教育活动的个体企业主等同于教育机构。本法另有规定除外。

（21）教育工作者——与教育机构建立劳动和服务关系、完成教育任务并（或）组织教育活动的自然人。

（22）教学计划——按照课程、实习及其他教学活动的周期确定教学任务清单、难易程度、课程连贯性和课时分配的文件。如果本联邦法律无其他规定，文件还确定学生阶段性测试的形式。

（23）个性化教学计划——考虑到具体学生的特点和受教育需求，在教育大纲个性化基础上实施的教学计划。

（24）实习——一种旨在形成、巩固和发展未来职业活动中所需实践技巧和能力的教学活动形式。

（25）教育方向（侧重）——根据教育大纲对具体知识领域或活动形式的定位所确定的课程主题内容、学习活动的主要形式以及对教育大纲掌握情况的要求。

（26）教学和德育手段——组织教育活动必备的仪器（包括运动器具和乐器）、直观教具、电脑、通信网络、视听设备、纸质和电子教育信息资源，以及组织教育活动必需的其他物质资料。

（27）全纳教育——考虑到学生的特殊需求和个人潜能，保障所有学生平等受教育权的教育。

（28）适应性教育大纲——适合健康状况受限人员身心发展特点和个人潜能的教育大纲，必要时保障矫正其发育障碍，帮助其适应社会。

（29）教育质量——对教育活动和学生培养的综合评价，反映其与联邦国家教育标准、教育组织的教育标准、联邦国家要求、自然人或法人需求的适应程度，以便实施教育活动，达到教育大纲的预期结果。

（30）教育领域关系——实现公民受教育权的社会关系的总和，目的是使学生掌握教育大纲（教育关系）内容和与教育关系有关的各社会关系，为公民行使受教育权创造条件。

（31）教育关系参与者——学生、未成年学生家长（法定监护人）、教育工作者及其代表，以及实施教育活动的组织。

（32）教育领域关系中的参与者——教育关系参与者、联邦国家机关、联邦主体国家权力机关、地方自治机关、企业雇主及其联合会。

（33）教育工作者利益冲突——教育工作者通过职业活动获取物质利益或好处时，发生的个人利益影响或可能影响其履行职业责任、与学生和未成年学生家长（法定监护人）利益间产生矛盾的情形。

（34）儿童监管与看护——保障儿童遵守个人卫生和日常作息，为其提供营养和日常生活服务的一系列措施。

**第三条** 教育领域关系的法律调整和国家政策的基本原则

1. 教育领域关系的法律调整和国家政策建立在以下原则基础上：

（1）承认教育优先；

（2）保障每个人的受教育权，禁止教育歧视；

（3）教育的人道主义性质、人的生命和健康优先、个人的权利和自由、个性的自由发展、互相尊重、勤劳、公民的觉悟、爱国主义、责任感、法律修养、爱护自然和环境、合理利用自然资源；

（4）俄罗斯联邦教育空间的统一，在多民族国家条件下保护并发展各民族的文化特色和传统；

（5）在平等互利基础上与其他国家开展教育合作，为促进俄罗斯联邦教育体系一体化创造条件；

（6）国立和市立教育组织中教育的非宗教性质；

（7）按照个人的喜好和需求享有选择接受何种教育的自由，为每个人的自我实现创造条件，自由发展个人才能，享有自由选择受教育形式、教学方式、教育机构的权力，以及为教育工作者提供选择教学形式和教学、德育方法的自由；

（8）保障符合个人需求的终生受教育权，保障教育体系适应人的培养水平、发展特点和个人利益；

（9）本联邦法律规定的教育组织自治权、教育工作者和受教育者的学术权利和自由，教育组织信息公开并向公众报告；

（10）教育管理的民主化，保障教育工作者、学生、未成年学生家长（法定监护人）参与治理教育组织的权力；

（11）禁止限制或消除教育领域的竞争；

（12）教育领域关系的国家调节与合同调节相结合。

2. 在确保实行国家统一教育政策的前提下，俄罗斯联邦政府每年应向俄罗斯联邦会议提交教育领域国家政策实施情况的报告，并在俄罗斯联邦政府官网上予以发布。

第四条　教育领域关系的法律调整

1. 教育领域中的关系由俄罗斯联邦宪法、本联邦法律、俄罗斯联邦其他规范性法律文件、各俄罗斯联邦主体规范性法律文件，以及其他调整教育领域关系的规范（以下简称：教育法规）予以调整。

2. 教育领域关系法律调整的目的在于：国家保障个人受教育的权利和自由，建立相关机制，为教育体系的发展创造条件，保护教育关系参与者的权力和利益。

3. 教育领域关系的法律调整的基本任务是：

（1）保障和保护俄罗斯联邦宪法规定的公民受教育权；

（2）为俄罗斯联邦教育体系的自由运转和发展创造法律、经济和财政条件；

（3）为协调教育关系参与者的利益提供法律保障；

（4）确定教育关系参与者的法律地位；

（5）为俄罗斯联邦境内的外国人和无国籍人士接受教育创造条件；

（6）划分俄罗斯联邦国家权力机关、各联邦主体国家权力机关和地方自治机关的教育权限。

4. 俄罗斯联邦其他联邦规范性法律文件、各联邦主体规范性法律文件和地方自治机关的法令中对教育领域关系的法律调整，应与本联邦法律协调一致。禁止上述规范性法律文件限制本联邦法律规定的权力，或降低本联邦法律规定的教育保障水平。

5. 如果其他联邦规范性法律文件、各联邦主体规范性法律文件和地方自治机关的法令对教育领域关系的法律调整的规定与本联邦法律不符，以本联邦法律的规定为准。本法另有规定除外。

6. 如果本联邦法律中的规定与国际条约不符，以国际条约的规定为准。

7. 教育法规对俄罗斯联邦境内所有教育机构均具有效力。

8. 考虑到莫斯科国立罗蒙诺索夫大学、圣彼得堡国立大学以及斯科尔科沃创新中心的各组织和教学机构的特殊性，针对其制定专门的联邦法律。

9. 联邦教育法律法规和俄罗斯联邦其他规范性法律文件中关于联邦国家公共服务人员的规定，一同适用于担任联邦国家公共服务职责的教学科研工作者和学生。

**第五条** 受教育权和在俄罗斯联邦实现受教育权的国家保障

1. 俄罗斯联邦保障人人享有受教育权。

2. 居住在俄罗斯联邦境内的居民，不受性别、种族、民族、语言、社会出身、财产状况、社会地位和职位、居住地点、宗教信仰、党派及其他情况限制，均享有受教育权。

3. 俄罗斯联邦免费为境内居民提供符合联邦国家教育标准的学前教育、初等普通教育、基础普通教育、中等普通教育和中等职业教育，并在竞争基础上为首次接受高等教育的公民提供免费高等教育。

4. 俄罗斯联邦通过设立符合社会经济发展条件的联邦国家机关、联邦主体国家权力机关和地方自治机关，满足个人的受教育权及其终生对不同教育水平和方向的需求。

5. 为了保障公民的受教育权，联邦国家机关、联邦主体国家权力机关和地方自治机关应该：

（1）为健康状况受限学生接受平等教育、矫正智力障碍、适应社会提供必要条件，通过特殊教育手段、教学方法和全纳教育组织提供早期矫正帮助，最大限度帮助其完成特定水平和方向的教育，促进其社会发展；

（2）协助具有突出才能的人员，以及本联邦法律规定的在教学、科研、科技、艺术和体育方面具有高智商和创造能力的学生获得优质教育；

（3）按照俄罗斯联邦法律的规定，为需要社会帮扶的人员在受教育期间提供全部或部分财政保障。

**第六条　联邦国家权力机关的教育权限**

1. 联邦国家权力机关在教育领域的权限是：

（1）制定并实施统一的国家教育政策；

（2）组织提供高等教育，包括为竞争基础上的免费高等教育提供保障；

（3）组织联邦国立教育组织中的补充职业教育；

（4）制定、批准、实施俄罗斯联邦教育领域的国家纲要、联邦目标方案，实施教育领域的国际纲要；

（5）创立、重组和撤销联邦国立教育组织，落实联邦国立教育组织创立者的职能和权力；

（6）批准联邦国家教育标准，确立联邦国家教育要求；

（7）批准以下组织获得教育活动许可：

a）实施高等教育大纲的组织；

b）在国防、军需、内务、安全、核能、交通、通信等科技密集型产业领域实施中等职业教育大纲的联邦国家职业教育组织，上述组织清单由俄罗斯联邦政府批准；

c）俄罗斯联邦境外的俄罗斯教育组织，根据俄罗斯联邦国际条约的规定建立的教育组织，以及实施教育活动的俄罗斯联邦外交代表机构、领事机构和国际（国家间、政府间）组织；

d）在俄罗斯联邦境内分支机构所在地从事教育活动的外国教育

组织；

（8）对教育机构、本条第 7 项中提及的组织及俄罗斯联邦境外的外国教育机构中的教育活动进行国家认证；

（9）对本条第 7 项中提及的组织和联邦主体教育管理权力执行机关的活动实施国家教育检查（监督）；

（10）建立、维护联邦信息系统和联邦教育数据库，包括按照俄罗斯联邦相关法律的要求，保障其中所含个人信息的保密性；

（11）设立、授予教育系统工作者国家奖励、荣誉称号、单位奖励和工作者称号；

（12）根据对劳动力市场需求的预测，制定人才培养预测和培养要求；

（13）确保联邦层面对教育体系的监控；

（14）实施本联邦法律规定的其他教育领域权限。

2. 俄罗斯联邦国家机关有权保障国立教育组织提供公共、免费的普通和中等职业教育。

第七条　俄罗斯联邦授予俄罗斯联邦主体国家权力机关的教育权限

1. 俄罗斯联邦将其教育领域的职权移交给俄罗斯联邦主体的国家权力机关，使其拥有以下教育权限（以下简称：授权权限）：

（1）对联邦主体境内教育机构（本联邦法律第六条第 1 款第 7 项提及的组织除外）的财政保障开展的活动以及境内地方教育管理机关的活动进行国家检查（监督）；

（2）向联邦主体境内教育机构（本联邦法律第六条第 1 款第 7 项提及的组织除外）发放教育活动许可；

（3）对联邦主体境内教育机构（本联邦法律第六条第 1 款第 7 项提及的组织除外）开展的教育活动进行国家认证；

（4）批准教育或职业资格证书。

2. 授权权限（本条第 10 款规定的权限除外）的财政保障由联邦预算拨款支持。同时按照《俄罗斯联邦预算法》的规定，联邦财政预算用于授权权限的拨款在联邦主体预算拨款中的份额，不应少于联邦主体国家税收中计划用于行使授权权限的收入。

3. 按照联邦政府规定的程序，授权权限的财政拨款总额依据以下数据确定：

（1）联邦主体以及联邦级城市莫斯科和圣彼得堡市内的市、区数量；

（2）联邦主体国家权力机关实施教育检查（监督）、教育活动许可、教育活动认证的教育机构及其分支机构的数量。

4. 用于行使俄罗斯联邦主体国家权力机关授权权限的资金具有专用性，不能用于其他目的。

5. 在联邦主体行使授权权限的资金未用于专门用途的情形下，行使财政预算监管职能的联邦权力执行机关可依据俄罗斯联邦预算法的规定对其进行追缴。

6. 制定国家教育政策和法规的联邦权力执行机关拥有以下权限：

（1）通过有关授权权限行使问题的规范性法律文件，包括在授权范围内提供国家服务和履行公共职能的行政规定，制定授权权限行使结果的针对性预测指标；

（2）协调、任命俄罗斯联邦主体授权权限执行机关的领导人；

（3）根据行使教育检查（监督）职能的联邦权力执行机关提交的报告，可以向俄罗斯联邦政府提出关于收回俄罗斯联邦主体授权权限的建议；

（4）根据每年俄罗斯联邦主体国家权力机关授权权限行使结果的报告，提出关于完善教育法规的建议。

7. 行使教育检查（监督）职能的联邦权力执行机关：

（1）监督俄罗斯联邦主体国家权力机关行使授权权限的法律调整情况，有权强制其完成关于废止或修改规范性法律文件的命令；

（2）有权审查俄罗斯联邦主体国家权力机关，对其行使授权权限的过程和本条第1款第1项提及的教育机构的活动的完整性和质量进行检查和监督，如果俄罗斯联邦主体国家权力执行机关未能行使授权权限或行使不当，有权责令其消除违规行为，提出撤销其相关负责人职务的建议；

（3）协调同意俄罗斯联邦主体授权权限执行机关的结构；

（4）发布俄罗斯联邦主体权力执行机关行使授权权限所需的指导性工作方法和文件；

（5）制定授权权限行使情况报告的内容、形式要求和提交程序；

（6）分析授权权限行使过程中发生违规现象的原因，并采取措施消除违规现象；

（7）每年向制定国家教育政策和法规的联邦权力执行机关提交报告，汇报授权权限的行使情况。

8. 俄罗斯联邦主体最高领导人（俄罗斯联邦主体国家权力最高执行机关负责人）的权限：

（1）与制定国家教育政策和法规的联邦权力执行机关协商后，任命俄罗斯联邦主体授权权限执行机关的负责人；

（2）与行使教育检查（监督）职能的联邦权力执行机关协商后，确定俄罗斯联邦主体授权权限执行机关的结构；

（3）根据教育法规的规定，组织行使授权权限的活动；

（4）确保向行使教育检查（监督）职能的联邦权力执行机关提供：

a）教育预算财政拨款的季度支出报告和目标性预测指标季度成果报告；

b）联邦主体授权权限执行机关通过的相关规范性法律文件的副本数量；

c）建立、维护联邦教育监管数据库必需的信息（包括数据库）；

（5）在不违反俄罗斯联邦法律（不包括联邦法律对公民的权利与自由、组织的法律权益未予规定的补充要求和限制），考虑到国家权力执行机关对提供国家服务和履行公共职能的要求的前提下，在通过本条第6款第1项中的规范性法律文件前，有权批准授权权限行使过程中有关提供国家服务和履行公共职能的行政法规。

9. 行使财政预算检查（监督）职能的联邦权力执行机关、行使教育检查（监督）职能的联邦权力执行机关和俄罗斯联邦审计署在其职权范围内监督授权权限行使过程中的资金使用情况。

10. 教育或职业资格证书的批准权限由联邦主体预算拨款提供财政保障，属于俄罗斯联邦主体预算拨款范围。在上述联邦主体预算拨款范围内，财政津贴的数目不应低于联邦主体预算中国家税收的计划收入，依据俄罗斯联邦预算法，其属于俄罗斯联邦主体预算。

**第八条 俄罗斯联邦主体国家权力机关在教育领域的权限**

1. 俄罗斯联邦主体国家权力机关在教育领域拥有以下权限：

（1）考虑到联邦主体地区的社会、经济、生态、人口、民族文化和其他特点，制定并实施地区教育发展纲要；

（2）建立、重组、撤销联邦主体管辖的教育组织，落实联邦国立教育组织创立者的职能和权力；

（3）保障公民受教育权，包括在市立学前教育组织接受学前教育，在市立普通教育组织接受免费的普及学前教育、免费的普及初等普通教育、中等普通教育；按照联邦主体国家权力机关制定的法规中规定的额度，拨给地方预算财政津贴，用于各种财政开支（包括劳资、教科书、教学参考书、教具和玩具，建筑物维护和公共事业支出除外）；保障学生在市立普通教育组织中接受补充教育；

（4）组织联邦主体国立教育组织提供普通教育；

（5）为联邦主体国立教育组织监管、看护学生和学生就餐创造条件；

（6）根据本款第3项的规定，私立学前教育组织中的学前教育，以及实施经国家认证的普通教育大纲的私立普通教育组织中的学前、初等、基础和中等普通教育由联邦主体国家权力机关通过向上述教育组织提供财政津贴的方式予以财政保障，包括劳资、教科书、教学参考书、教具和玩具等的费用（建筑物维护和公共事业支出除外）；

（7）组织提供中等职业教育，保证人人都能接受免费的普及中等职业教育；

（8）组织联邦主体国立教育组织提供儿童补充教育；

（9）组织联邦主体国立教育组织提供补充职业教育；

（10）确保市立教育组织和联邦主体教育组织在实施经国家认证的初等、基础和中等普通教育大纲时使用的教材符合联邦教科书和教学参考书推荐使用清单；

（11）确保对俄罗斯联邦主体教育体系的监督；

（12）为基础教育大纲学习、自身发展和社会适应存在困难的学生提供心理教育、医疗和社会帮助；

（13）行使本联邦法律规定的其他教育领域权限。

2. 俄罗斯联邦主体国家权力机关有权为保障实施经国家认证的普通教育大纲的市立和私立教育组织中学生的营养采取补充性财政措施，为市立教育组织中的儿童接受补充教育提供国家支持。

3. 俄罗斯联邦主体国家权力机关有权保障其境内的高等教育组织在竞争基础上提供高等教育。

**第九条　市、区地方自治机关的教育权限**

1. 解决地方教育问题的市、区地方自治机关拥有以下权限：

（1）在市立教育组织中按照普通教育大纲提供免费的普及学前、初等、基础和中等普通教育（不包含符合联邦国家教育标准财政保障权限的普通教育大纲）；

（2）在市立教育组织中提供儿童补充教育（俄罗斯联邦主体国家权力机关提供财政保障的儿童补充教育除外）；

（3）为市立教育组织监管、看护学生和学生就餐创造条件；

（4）建立、重组、撤销市立教育组织（市、区地方自治机关创立的市立高等教育组织除外），落实市立教育组织创立者的职能和权限；

（5）保障市立教育组织的建筑物维护，在其附近区域安装相应设备；

（6）在市、区的固定区域成立教育组织，按照普通教育大纲的规定对应该接受学前、初等、基础和中等普通教育的适龄儿童进行登记；

（7）行使本联邦法律规定的其他教育权限。

2. 在俄罗斯联邦主体和联邦级城市莫斯科和圣彼得堡市，市、区内的市立教育组织由地方自治机关按照俄罗斯联邦主体法律和联邦级城市的法律行使教育权限。

3. 截至2008年12月31日，市、区地方自治机关有权行使市立高等教育组织创立者的职权。

4. 区地方自治机关有权在竞争基础上组织市立高等教育组织提供高等教育。

# 第二章　教育体系

**第十条**　教育体系的结构

1. 俄罗斯联邦教育体系包括：

（1）联邦国家教育标准和联邦国家要求，不同形式、层次或方向的教育标准和教育大纲；

（2）教育机构、教育工作者、学生和未成年学生家长（法定监护人）；

（3）实施教育管理的联邦国家权力机关、联邦主体国家权力机关和地方教育管理机关，以及上述机关设立的协商、咨议的其他机构；

（4）保障教育活动顺利进行、评估教育质量的组织；

（5）法人联合会、企业主及其联合会、实施教育活动的社会团体。

2. 教育分为普通教育、职业教育、补充教育，以及保障终身受教育（不间断教育）权利的职业培训。

3. 按照相应教育水平实施普通教育和职业教育。

4. 俄罗斯联邦普通教育包含以下教育水平：

（1）学前教育；

（2）初等普通教育；

（3）基础普通教育；

（4）中等普通教育。

5. 俄罗斯联邦职业教育包含以下教育水平：

（1）中等职业教育；

（2）高等教育——学士教育；

（3）高等教育——专家、硕士研究生教育；

（4）高等教育——高水平人员培养。

6. 补充教育包括儿童补充教育、成人补充教育和补充职业教育。

7. 教育体系通过实施各基础教育大纲和补充教育大纲，提供同时掌握若干教育大纲的机会以及考虑到受教育者的教育水平、技能水平和实践经验等，为其接受终身教育创造条件。

**第十一条　联邦国家教育标准和联邦国家要求**

1. 联邦国家教育标准和联邦国家要求应保障：

（1）俄罗斯联邦教育空间的统一；

（2）各基础教育大纲的衔接性；

（3）考虑到学生的教育需求和能力，不同教育水平下教育大纲内容制定的可变性，以及制定不同难度和方向的教育大纲的可能性；

（4）在对各基础教育大纲实施条件及其实施结果统一强制要求的基础上，国家保障教育水平和教育质量。

2. 联邦国家教育标准（联邦国家学前教育标准除外）和其他教育标准是对按规定要求实施的相应教育活动进行客观评估的基础，也是对已掌握相应水平和方向教育大纲的学生进行客观公正评价的基础（不取决于教学形式和受教育形式）。

3. 联邦国家教育标准对以下各项作出要求：

（1）基础教育大纲的结构（包括教育大纲的强制部分和教育关系参与者部分的比例）和内容；

（2）基础教育大纲的实施条件，包括人员、财务、物质技术和其他条件；

（3）基础教育大纲的实施结果。

4. 联邦国家教育标准规定了获得普通教育及具有不同教育形式、教育技术和不同学生特点的职业教育的期限。

5. 联邦国家普通教育标准依据教育水平制定；联邦国家职业教育标准除依据教育水平制定外，还可依据不同职业、专业和相应职业教育水平的培养方向制定。

6. 为保障健康状况受限学生的受教育权，国家针对其教育标准制定专门的联邦国家教育标准，或在联邦国家教育标准中制定针对其教育标准的特殊要求。

7. 在制定联邦国家职业教育标准时应考虑到相应职业标准的规定。

8. 对职业技能资格有要求的职业、专业和培养方向清单及其编制程序，由制定国家教育政策和法规的联邦权力执行机关批准。在批准新的职业、专业和培养方向清单时，应指明某些之前清单中的职业、专业和培养方向在新版清单中对应的职业、专业和培养方向。

9. 联邦国家教育标准的制定、批准和修改程序由俄罗斯联邦政府确定。

10. 莫斯科国立罗蒙诺索夫大学、圣彼得堡国立大学、属于"联邦大学"或"国家研究型大学"的高等教育组织、经联邦总统法令批准建立的大学，有权独立制定、批准高等教育水平的各教育标准。此类教育标准中对各高等教育大纲的实施条件和实施结果的要求不得低于联邦国家教育标准的相关要求。

第十二条　教育大纲

1. 教育大纲规定教育内容。教育内容应该不受种族、国别、民族、宗教和社会阶级的限制，促进人类的相互理解与合作、了解不同的世界观，使学生有能力自由选择观念和信仰，保障每个人的能力发展，为其在家庭和社会形成符合精神道德和社会文化价值的个性提供保障。职业教育大纲和职业教育的内容应该为获得职业技能提供保障。

2. 在俄罗斯联邦，根据普通教育和职业教育的不同水平及职业培训的要求，实施各基础教育大纲；根据补充教育的要求，实施各补充教育大纲。

3. 基础教育大纲包括：

（1）普通教育大纲——学前教育大纲、初等普通教育大纲、基础普通教育大纲和中等普通教育大纲；

（2）职业教育大纲：

a）中等职业教育大纲——技术工人和职员培训大纲，中级专家培养大纲；

b）高等教育大纲——学士学位大纲、专家培养大纲、硕士学位大纲、研究生院（研究机构）科教人员培养大纲、临床住院医生培养大纲、助教－进修生培养大纲；

（3）职业培训大纲——工人和职员岗位培训大纲、工人和职员进修大纲、工人和职员职业技能提升大纲。

4. 补充教育大纲包括：

（1）补充普通教育大纲——补充发展教育大纲和职业前补充教育大纲；

（2）补充职业教育大纲——职业技能提升大纲和职业进修大纲。

5. 教育机构独立制定和批准教育大纲。本联邦法律另有规定的除外。

6. 学前教育组织自行制定、批准学前教育大纲，其应符合联邦国家学前教育标准，并参考相关示范性学前教育大纲。

7. 教育机构依据经国家认证的教育大纲（实行经高等教育组织自行确立的教育标准的高等教育大纲除外）自行制定、批准教育大纲，其应符合联邦国家教育标准，并考虑到相关示范性基础教育大纲。

8. 按照本联邦法律的规定，高等教育组织有权独立制定、批准教育标准，并在此类教育标准基础上制定、批准相应的教育大纲。

9. 如果本联邦法律无其他规定，应在联邦国家教育标准的基础上制定示范性基础教育大纲，并考虑其难度和方向。

10. 示范性基础教育大纲经评定后将被列入国家信息系统——示范性基础教育大纲目录。示范性基础教育大纲目录所包含的信息是公开的。

11. 如果本联邦法律无其他规定，由制定国家教育政策和法规的联邦国家权力机关制定、评定示范性基础教育大纲，规定其目录管理程序，制定涉及国家机密或信息安全的职业教育大纲及其评定程序，确定有权维护示范性基础教育大纲目录的机构。

12. 俄罗斯联邦主体国家权力机关对示范性普通教育大纲评定时，应考虑到大纲的水平和方向（包括区域、民族和文化特点等）。

13. 示范性研究生院（研究机构）科教人员培养大纲的制定由联邦权力执行机关予以保障，联邦法律在其中对军事或其他同类服务、内务部门以及麻醉药品和精神药物流通监管部门服务等作出规定。示范性助教－进修生培养大纲由制定国家文化政策和法规的联邦权力执行机关予以保障。示范性临床住院医生培养大纲由制定国家卫生保健政策和法规的联邦权力执行机关予以保障。

14. 按照本联邦法律的规定，联邦国家权力机关的授权部门有权制定、批准示范性补充职业教育大纲或标准性补充职业教育大纲。教育机构应据此制定与之相适应的补充职业教育大纲。

15. 按照本联邦法律和其他联邦法律的规定，联邦国家权力机关的授权部门有权制定和批准示范性补充职业培训大纲或标准性补充职业培训大纲。教育机构应据此制定与之相适应的补充职业培训大纲。

第十三条 教育大纲实施的一般要求

1. 教育大纲可由教育机构独立实施，也可由教育机构形成的网络形式实施。

2. 教育大纲的实施可借助各种教育技术，包括电子教学和远程教育技术。

3. 教育组织实施教育大纲时，教育活动的组织形式应建立在教育大纲内容、教学计划结构和教育技术使用的模块化基础上。

4. 采取学分制以确定职业教育大纲的结构和掌握该大纲所需的学习工作量。学分制是衡量教学任务完成情况的统一评分系统，包括教学计划（包括课堂作业和独立作业）规定的所有类型的教学活动和学生实践。

5. 某一具体职业、专业或培养方向的职业教育大纲的学分由相应的联邦国家教育标准和具体教育标准规定。补充职业教育大纲的学分由教育机构规定。

6. 学生实践由职业教育大纲规定。

7. 教育机构在与实施专门教育活动的组织签订合同的基础上，落实教育大纲规定的学生实践。教育机构也可直接组织学生完成实践。

8. 职业教育大纲中要求的学生实践，其实施方法和形式由制定国家教育政策和法规的联邦权力执行机关确定。

9. 教育大纲实施过程中，禁止使用会给学生身心健康造成损害的教学、德育方法和教育技术。

10. 负责教育管理的联邦国家权力机关、联邦主体国家权力机关及地方自治机关，均无权变更教育机构的教学计划和教学进度表。

11. 如果本联邦法律无其他规定，相关教育大纲或教育形式条件下的不同水平或方向的教育活动的组织和实施方法，由制定国家教育政策和法规的联邦权力执行机关确定。

**第十四条　教育语言**

1. 俄罗斯联邦为公民使用俄罗斯联邦国家语言接受教育提供保

障，也保障公民在教育体系许可的范围内选择教学语言。

2. 如果本联邦法律无其他规定，教育组织中的教育活动借助俄罗斯联邦国家语言实施。俄罗斯联邦国家语言的教学应在经国家认证的教育大纲框架内，按照联邦国家教育标准和具体教育标准的规定实施。

3. 根据俄罗斯联邦各共和国法律的规定，其境内的国立和市立教育组织可以使用共和国语言开展教学。共和国语言的教学应在经国家认证的教育大纲框架内，按照联邦国家教育标准和具体教育标准的规定实施。共和国语言的教学不应该影响俄罗斯联邦国家语言的教学。

4. 俄罗斯联邦公民有权用本族语接受学前、初等和基础普通教育，也有权在教育体系许可范围内学习本族语。为保障公民上述权利，应设立必要数量的相应教育组织、年级和班级，并为它们发挥作用创造条件。本族语的教学应在经国家认证的教育大纲框架内，按照联邦国家教育标准和具体教育标准的规定实施。

5. 按照教育大纲、教育法规和教育组织内部条例规定的程序，学生可以用外语接受教育。

6. 俄罗斯联邦法律规定，教育语言由教育机构依据相应教育大纲在组织内部条例中规定。

第十五条　教育大纲实施的网络形式

1. 教育大纲实施的网络形式（以下简称：网络教学平台）保障学生能够使用多个教育机构（包括外国组织）的资源完成教育大纲，必要时保障学生能够使用其他机构的资源。在网络教学实施过程中，科研、医疗、文化、体育和拥有实施教学活动、组织教学和生产实践及教育大纲规定的其他教学活动资源的机构也可加入该网络平台。

2. 网络教学平台应在本条第 1 款提及的各机构间签订合同的基础上运行。上述机构可以合作制定、批准教育大纲，以保障平台中各机构顺利组织、实施教育大纲。

3. 在网络教育平台中签订的合同应指明：

（1）平台中教育机构实施的教育大纲（某些类型、水平和方向的教育大纲的一部分）的类型、水平或方向；

（2）本条第 1 款的教育机构中学生的地位、教育机构招生规则、学生（针对学习基础职业教育大纲的学生）学术机动性的组织程序；

（3）平台中教育活动和教育大纲的实施条件和方法，包括本条第 1 款提及的各机构间的责任划分、教育大纲的实施程序、各机构可使用资源的特殊性和范围；

（4）颁发的一个或多个教育或职业资格证书、一个或多个培训证书，以及颁发上述证书的组织；

（5）合同有效期及其变更、终止的程序。

第十六条　电子教学和远程教育技术

1. 电子教学是指利用数据库信息开展教学活动，借助信息处理技术、硬件和远程通信网络实现信息传输及师生沟通。远程教育技术是指主要借助远程通信网络完成师生间接（远距离）交流的教育技术。

2. 按照制定国家教育政策和法规的联邦国家权力执行机关规定的程序，教育机构有权在教学中使用电子教学和远程教育技术。

3. 教育机构使用电子教学和远程教育技术时，应创造电子信息教育环境的运行条件，包括电子信息资源、电子教育资源、信息技术综合体、信息通信技术，以及不论学生身处何处，保障其能够获得教育大纲全部内容的其他技术。禁止使用电子教学和远程教育技术进行教学的职业、专业和培养方向的目录，由制定国家教育政策和法规的联邦国家权力执行机关予以批准。

4. 使用电子教学和远程教育技术教学时，开展教育活动的地点是教育组织所在地或其分支机构所在地，不受学生所处位置的限制。

5. 使用电子教学和远程教育技术的组织，应确保涉及国家机密或其他受法律保护的秘密信息的安全。

**第十七条　教育形式和教学形式**

1. 在俄罗斯联邦存在以下教育形式：

（1）在教育机构中；

（2）在教育机构外（以家庭教育和自学形式获得教育）。

2. 依据学生的个人需求、个人能力和必修课的数量，教育组织以面授、函授和面授－函授三种形式组织教学。

3. 学生接受家庭教育或自学的，拥有本联邦法律第三十四条第3款规定的权利，有权在教育机构中接受后续教育、参加阶段性测试和国家结业考试。

4. 允许不同教育形式和教学形式混合使用。

5. 如果本联邦法律无其他规定，各教育水平、职业、专业和培养方向的基础教育大纲，其教育形式和教学形式由联邦国家教育标准和具体教育标准确定。如果本联邦法律无其他规定，补充教育大纲和职业培训大纲的教学形式由教育机构独立确定。

**第十八条　纸质和电子教育信息资源**

1. 教育机构应建立图书馆，包括数字（电子）图书馆，以保障顺利实施教育大纲，保障专业信息数据库、信息参考、检索系统及其他信息资源服务的公开性。图书馆资源应配齐基础教育大纲中所有教学科目、年级和课程涉及的纸质或电子教学出版物（包括教材和教学参考书）、教学法书籍和教学期刊。

2. 俄罗斯联邦保证为每个学生提供基础教育大纲教学出版物，联邦国家教育标准为此制定保障规范。

3. 考虑到联邦国家教育标准、示范性学前教育大纲和示范性初等普通教育大纲中的要求，学前教育大纲教学出版物由学前教育组织制定。

4. 实施经国家认证的初等、基础和中等普通教育大纲的教育机构，可以使用：

（1）国家推荐使用的联邦教科书目录中的教科书；

（2）有教材出版权限的组织出版的教科书。

5. 实施经国家认证的初等、基础和中等普通教育大纲时，国家推荐使用的联邦教科书目录应包括实施基础教育大纲强制部分的教科书推荐使用清单和涉及教育关系参与者部分的教科书推荐使用清单，同时还应考虑到俄罗斯联邦主体的区域和民族文化特点、公民有权使用本族语接受教育等具体情况，包含相应教科书。

6. 实施经国家认证的初等、基础和中等普通教育大纲时，教科书通过评定后方能列入国家推荐使用的联邦教科书目录。为确保教科书评定过程中充分考虑到联邦主体的区域和民族文化特点及公民拥有使用本族语接受教育的权力，联邦主体的国家权力授权机关应参与教科书的评定工作。

7. 实施经国家认证的初等、基础和中等普通教育大纲时，国家推荐使用的联邦教科书目录的编制程序，包括评定标准和方法、专家意见的形式、从目录中删除教科书的理由和程序等，由制定国家教育政策和法规的联邦国家权力执行机关批准。

8. 实施经国家认证的初等、基础和中等普通教育大纲时，有教材出版权限的组织的选拔程序及其教科书目录由制定国家教育政策和法规的联邦权力执行机关确定。俄罗斯联邦主体国家权力的授权机关有权参与选拔各民族本族语教科书的出版组织。

9. 学生学习职业教育大纲时使用的教学出版物（包括电子出版物）由教育机构确定。

**第十九条　教育体系的科学教学法和资源保障**

1. 俄罗斯联邦法律规定，教育体系内可创立、运行保障教育活动实施的科研组织和设计机构、设计局、教学经验委员会、实验站，以及对教育活动实施、教育系统管理、教育质量评估进行科学教学法、资源和信息技术保障的组织。

2. 为使教育工作者、科研工作者和企业主代表参与联邦国家教育标准和示范性教育大纲的制定，协调教育组织的活动，保障教育内容的质量和发展，教育体系内可成立教学法联席会。

3. 教育体系中的教学法联席会由负责教育管理的联邦权力执行机关和联邦主体权力执行机关创立，并按照上述机关的相关规定开展活动。教学法联席会的示范性条例由制定国家教育政策和法规的联邦权力执行机关批准。

4. 教育机构中的教育工作者、科研工作者、其他工作人员和教育体系内的其他组织（包括企业主代表），根据自愿原则加入教学法联席会。

**第二十条　教育领域的实验和创新活动**

1. 考虑到俄罗斯联邦经济社会发展的基本方向，俄罗斯联邦将教育作为国家政策中的优先发展方向，在教育领域进行实验和创新活动以保障教育体系现代化和教育发展。

2. （教育）实验以实验形式进行，旨在开发、测试和推行新的教育技术和教育资源。其操作程序和条件由俄罗斯联邦政府规定。

3. 教育机构、教育领域的其他组织及其联合会，以创新计划和创新项目的形式开展（教育）创新活动，以完善教育体系内科教、组织、法律、财经、人员、物质技术保障等。创新计划和项目的教育水平和质量不得低于联邦国家教育标准、联邦国家要求和具体教育标准的相关规定，教育创新活动维护教育关系中学生的合法权益。

4. 创新计划和项目对教育发展具有重要意义。本条第 3 款提及的组织及实施创新计划和项目的组织被认定为创新平台，其组成创新基地，以便为实施计划和项目创造条件。创新基地的建立、运作程序和联邦创新平台目录由制定国家教育政策和法规的联邦国家权力执行机关确定。地区创新平台对本条第 3 款中各组织认证的程序由俄罗斯联邦主体国家权力机关确定。

5. 负责教育管理的联邦权力执行机关和联邦主体权力执行机关在其职权范围内，应为创新教育计划和项目的实施及其结果转向实践推广创造条件。

# 第三章　实施教育活动的人员

**第二十一条　教育活动**

1. 教育活动可由教育组织实施，也可在本联邦法律规定情形下由实施培训的组织和个体企业主实施。

2. 教育组织及其学生和教育工作者的权力、社会保障、责任和义务，适用于实施培训的组织和个体企业主及其学生和教育工作者。

**第二十二条　教育组织的创立、重组和撤销**

1. 教育组织是按照民事法规的规定设立的非营利组织。

2. 宗教教育组织的设立程序是依据俄罗斯联邦法律中对信仰自由和宗教联合会的相关规定确定的。

3. 为法人和个体企业主进行国家注册的联邦权力执行机关授权部门（包括其地方机构），应在有关国家注册的法律规定的程序和期限内，向行使教育检查（监督）职能的联邦权力执行机关或有权发放教育活动许可的俄罗斯联邦主体权力执行机关通报教育组织国家注册的相关事宜。

4. 教育组织按照创立者的不同，分为国立、市立或私立教育组织。

5. 国立教育组织是由俄罗斯联邦或俄罗斯联邦主体设立的教育组织。

6. 市立教育组织是由行政主体（市和区）设立的教育组织。

7. 私立教育组织是由一个或多个自然人、一个或多个法人及其联合体（外国宗教组织除外）按照俄罗斯联邦法律要求设立的教育组织。

8. 实施国防和国家安全领域高等教育大纲的教育组织只能由俄罗斯联邦设立，以保证其设立的合法性和法律程序。

9. 对于存在行为偏差（社会危害）、需要在专门教育环境（如开放和封闭的特殊教育组织）中使用特殊教学方法教育的学生，由俄罗斯联邦或俄罗斯联邦主体为其设立专门的教育组织。

10. 教育组织的重组和撤销程序按照民事法规规定的程序进行，同时应考虑到教育法规中的具体规定。

11. 联邦权力执行机关、联邦主体权力执行机关或地方自治机关作出的关于国家或地方教育组织重组或撤销的决定，在评定委员会赞成该决定的基础上方可通过。

12. 重组或撤销地处乡村的市立普通教育组织的决定，在未征求当地居民意见的情况下不可通过。

13. 对重组或撤销国立教育组织的决定需实施评估，评估方法和标准（按照国立教育组织类型）、评定委员会的设立程序和评估启动程序均由俄罗斯联邦政府确定。

14. 对重组或撤销俄罗斯联邦主体管辖的市立教育组织的决定需实施评估，评估方法和标准（按照市立教育组织类型）、评定委员会的设立程序和评估启动程序均由俄罗斯联邦主体的国家权力授权机关确定。

15. 国际（国家间）教育组织的创立、重组和撤销根据俄罗斯联邦国际条约的规定执行。


**第二十三条　教育组织的类型**

1. 教育组织按照不同教育大纲分为不同类型。

2. 在俄罗斯联邦，实施基础教育大纲的教育组织分为以下类型：

（1）学前教育组织——以实施学前教育大纲规定的教育活动为主要目标，照顾和看管儿童的教育组织；

（2）普通教育组织——以实施初等、基础或中等普通教育大纲规定的教育活动为主要目标的教育组织；

（3）职业教育组织——以实施中等职业教育大纲规定的教育活动为主要目标的教育组织；

（4）高等教育组织——以实施高等教育大纲规定的教育活动为主要目标，并从事科研活动的教育组织。

3. 在俄罗斯联邦，实施补充教育大纲的教育组织分为以下类型：

（1）补充教育组织——以实施补充普通教育大纲规定的教育活动为主要目标的教育组织；

（2）补充职业教育组织——以实施补充职业教育大纲规定的教育活动为主要目标的教育组织。

4. 本条第 2 款和第 3 款中的教育组织，有权按照以下教育大纲实施不作为其主要目标的教育活动：

（1）学前教育组织——补充普通教育大纲；

（2）普通教育组织——学前教育大纲、补充普通教育大纲和职业培训大纲；

（3）职业教育组织——普通教育大纲、职业培训大纲、补充普通教育大纲和补充职业教育大纲；

（4）高等教育组织——普通教育大纲、中等职业教育大纲、职业培训大纲、补充普通教育大纲和补充职业教育大纲；

（5）补充教育组织——学前教育大纲和职业培训大纲；

（6）补充职业教育组织——科教人员培养大纲、临床住院医生培养大纲、补充普通教育大纲和职业培训大纲。

5. 教育组织的名称应包含指明其法律组织形式和教育组织类型的字样。

6. 教育组织的名称可以使用显示其教育活动特色（如教育大纲的水平和方向、不同教育大纲的一体化使用、教育大纲的内容、实施教育大纲的特殊条件或学生的特殊教育需求）和与提供教育相关补充功能（伙食、医疗、康复、矫正、教育心理支持、宿舍、科研和技术活动及其他功能）有关的字样。

**第二十四条** 莫斯科国立罗蒙诺索夫大学、圣彼得堡国立大学。高等教育组织的类别

1. 莫斯科国立罗蒙诺索夫大学和圣彼得堡国立大学是俄罗斯联邦主要的古典大学。其特殊的法律地位由俄罗斯联邦的专门法律予以确定。

2. 俄罗斯联邦政府可以将一些高等教育组织确定为"联邦大学"和"国家研究型大学"。确定为"联邦大学"或"国家研究型大学"的高等教育组织的名称中应指明其相应类别。

3. 为保障俄罗斯联邦主体社会经济综合发展所需人才的培养，俄罗斯联邦政府可以以国家的名义在其区域内设立"联邦大学"，该联邦大学为自治的高等教育组织。俄罗斯联邦政府设立联邦大学时，应考虑到俄罗斯联邦主体的法规和权力机关就俄罗斯联邦主体社会经济发展规划提出的建议和意见。

4. 联邦大学的发展办学应在由联邦大学制定、经俄罗斯联邦政

府批准的规划范围内实施。规划应确定其实施条件和评估标准、教育活动有效性、教学和科研活动一体化发展、物质技术基础及社会文化设施的改进和完善、融入世界教育空间等。

5. "国家研究型大学"是通过竞争选拔，其自身发展规划符合选拔要求的高等教育组织。"'国家研究型大学'发展规划"旨在保障科学、技术、工艺、经济和社会环境等优先发展方向的人才培养，保障发展高级工艺并将其应用于生产。发展规划的竞争选拔程序（包括财政保障条件）由俄罗斯联邦政府确定。国家研究型大学发展规划的指标目录、评估周期和评估结果有效期限由制定国家教育政策和法规的联邦权力执行机关确定。

6. 如果高等教育组织的发展规划实施效果的评估结果不理想，俄罗斯联邦政府可以剥夺其"国家研究型大学"（类型）资格。

**第二十五条　教育组织的章程**

1. 教育组织在组织章程的基础上实施活动，章程须按照俄罗斯联邦法律规定的程序确立。

2. 教育组织的章程在包含俄罗斯联邦法律规定信息的同时，还应包含以下信息：

（1）教育组织的类型；

（2）教育组织的创立者；

（3）表明教育水平或方向的教育大纲的类型；

（4）教育组织管理机构的结构、权限、建立程序和任职期限。

3. 应创造条件使教育组织中的所有工作人员、学生和未成年学生家长（法定监护人）了解教育组织的章程。

**第二十六条　教育组织的管理**

1. 教育组织的管理依据俄罗斯联邦法律进行，同时应考虑到本联邦法律的具体规定。

2. 教育组织的管理在一长制和集体领导制（委员制）结合的基础上实施。

3. 教育组织的负责人（校长、主任或其他领导）是教育组织的个人执行部门，负责教育组织活动的日常管理。

4. 教育组织中可以成立各种集体管理机构，如员工全体会议（在职业教育组织和高等教育组织中为员工和学生全体会议）、教务委员会（在高等教育组织中为学术委员会）、监护委员会、管理委员会、监察委员会以及由相应教育组织章程规定的其他集体管理机构。

5. 教育组织管理机构的组织结构、设立程序、任职期限、通过决议和发表声明的程序等，均由教育组织章程根据联邦法律予以规定。

6. 考虑到学生、未成年学生家长（法定监护人）和教育工作者对教育组织管理的意见和想法，教育组织在决议涉及上述人员权利和法律利益的内部条例时，应按照上述人员的意愿作出如下行为：

（1）设立学生委员会［在职业教育组织和高等教育组织中为（大学）学生会］、未成年学生家长（法定监护人）委员会或其他机构（以下简称：学生委员会、家长委员会）；

（2）运行学生或工作人员工会（以下简称：学生代表机构、工作人员代表机构）。

**第二十七条　教育组织的结构**

1. 教育组织的结构由其独立设置。本联邦法律另有规定的除外。

2. 考虑到不同教育大纲的水平、类型和方向，不同的教育形式和学生在校形式，为了保障教育活动顺利开展，教育组织的结构可以包含不同子机构（分支机构、代表机构、部、系、学院、研究中心、教研室、培训部、科研机构、教学法中心、实验室、规划处、教学生产车间、诊所、教学试验农场、训练场、教学实践基地、教学展示中心、教学剧场、展览馆、杂技教学训练场、舞蹈和歌剧教学工作室、教学音乐厅、艺术创意工坊、图书馆、博物馆、体育俱乐部、大学生体育俱乐部、中学生体育俱乐部、宿舍、心理和社会教育服务等保障学生社会适应和康复所需的机构，以及此类子机构内部条例中规定的机构）。

3. 按照制定国家教育政策和法规的联邦国家权力执行机关规定的程序，职业教育组织和高等教育组织可以设立教研室和其他子机构，以保障学生在其他实施相应侧重性教育大纲的基地中接受实践培训。

4. 教育组织的子机构（包括分支机构和代表机构）不是法人，其在教育组织的章程和有关子机构规章的基础上运行。在教育组织代表机构中禁止实施教育活动。

5. 教育组织分支机构的设立和撤销程序由民事法规确定，同时应考虑到本联邦法律的具体规定。

6. 联邦权力执行机关、联邦主体权力执行机关或地方自治权力机关通过关于撤销国立和市立学前教育组织或普通教育组织分支机构的决定的程序，由本联邦法律第二十二条第 11 款、第 12 款规定。

7. 联邦国立高等教育组织分支机构的设立和撤销，由其创立者和制定国家教育政策和法规的联邦国家权力执行机关协商后确定。

8. 在其他俄罗斯联邦主体或行政主体境内设立市立教育组织的分支机构或俄罗斯联邦主体管辖的国立教育组织时，应与该分支机构所在地实施教育领域国家管理的俄罗斯联邦主体权力执行机关和地方自治机关协商后方可实施。

9. 教育组织代表机构由教育组织开设和关闭。

10. 如果俄罗斯联邦国际条约无其他规定，在俄罗斯联邦境外设立或撤销教育组织分支机构或代表机构的，按照其所在国家的法规规定执行。

11. 俄罗斯联邦境外的教育组织分支机构和代表机构的财务和经济活动，按照其所在国家的法规规定进行。

12. 在国立和市立教育组织中，禁止政党和宗教组织（联合会）的创立和活动。

**第二十八条　教育组织的权利和义务**

1. 教育组织拥有自治权，可以独立实施教育、科学、行政、财务和经济活动，根据本联邦法律、联邦其他规范性法律文件和教育组织章程制定并通过其内部规章条例。

2. 教育组织可根据其实施的教育大纲自主确定教育内容，选择教学方法和教育技术。

3. 教育组织在规定的活动范围内拥有以下权利：

（1）制定并通过内部学生规范、劳动规章和其他内部条例；

（2）根据国家和地方的规定、要求，包括联邦国家教育标准，联邦国家要求和具体教育标准，保障教育活动的物质材料和技术，装备校舍；

（3）每年向教育组织创立者和公众通报财政和物资收支情况和自查结果；

（4）制定人员编制表，俄罗斯联邦法律另有规定除外；

（5）负责工作人员的招聘、劳动合同签约和解约、工作职责分配，为工作人员接受补充职业教育创造条件，本联邦法律另有规定除外；

（6）制定并批准教育组织的教育大纲；

（7）与教育组织创立者协商后，制定并批准教育组织的发展规划，本联邦法律另有规定除外；

（8）组织招生；

（9）依据联邦教科书推荐使用目录，确定教科书使用清单；

（10）对学生成绩进行日常考察和阶段性测试，规定其形式、周期和操作方法；

（11）对学生进行教育大纲掌握情况考核，并将考核结果以纸质或电子形式存入档案；

（12）使用并改进教学和德育方法、教育技术和电子教学方法；

（13）实施内部自查，保障教育质量内部评估系统的运行；

（14）保证教育组织设有学生宿舍并对其进行维护；

（15）为学生和工作人员保持健康与增强营养创造必要条件；

（16）为学生参与体育文化运动创造条件；

（17）购买或制作教育和职业资格证书的格式纸；

（18）规定学生着装要求，本联邦法律或俄罗斯联邦主体法律另有规定除外；

（19）协助学生和未成年学生家长（法定监护人）联合会在教育组织内举办俄罗斯联邦法律允许的活动；

（20）组织科学教学法工作，包括组织举办科学教学法会议和研讨班；

（21）保障教育组织官方网站的创建和运行；

（22）俄罗斯联邦法律规定的其他权利。

4. 高等教育组织可以从事科学或创造性活动，同时有权培养科学人才（博士研究生）。如果其他教育组织的章程对科学或创造性活动有具体规定，则这些组织根据相关联邦法律的规定，同样有权从事相关活动。

5. 教育组织有权从事咨询、教育、健康和其他不违背组织设立宗旨的活动，包括在假期（分全天和日间两种形式）组织学生从事休闲和体育运动。

6. 根据教育法规，教育组织应履行以下义务：

（1）确保教育大纲得到彻底实施，学生培养应符合大纲要求，使用的教学形式、手段和方法应符合学生的年龄及身心特点，并与学生的兴趣、需求相适应；

（2）按照教育组织有关保障师生生命和健康的相关规定，照顾和监管学生，为学生的教学和德育创造安全条件；

（3）维护教育组织中学生、未成年学生家长（法定监护人）和工作人员的权利和自由。

7. 按照俄罗斯联邦法律的规定，教育组织对自身职权的履行情况（未履行或履行不当）、教育大纲实施情况、毕业生教育质量和师生的生命健康负有责任。按照《俄罗斯联邦行政违法法典》的规定，破坏或非法限制学生受教育权、破坏或非法限制学生和未成年学生家长（法定监护人）教育方面的权利和自由、违反教育活动组织和实施要求的教育组织及其负责人员负有行政责任。

**第二十九条　教育组织的信息公开**

1. 教育组织应建立包含其教育活动信息在内的开放共享信息资源，保障通过远程信息通信网络和教育组织官方网站能访问这些信息资源。

2. 教育组织保障以下内容的公开性与可访问性：

（1）各类信息：

a）教育组织创立日期、创立者信息、教育组织及其分支机构（如有）所在地、制度规范、工作进度表、联系电话和电子邮箱；

b）教育组织的管理结构和机构；

c）实施的教育大纲及其规定的教学科目、课程和实践；

d）由联邦预算、联邦主体预算和地方预算拨款支持的学生数量，以及按照教育合同，由自然人或法人提供资金支持的学生数量；

e）教育语言；

f）联邦国家教育标准和教育组织的教育标准（如有）；

g）教育组织的领导及其副手，教育组织分支机构（如有）的领导；

h）教育组织工作人员的组成，包括其教育水平、职业资格和工作经验；

i）教育活动的物质技术保障（包括设备齐全的教室、实践课设施、图书馆、运动装置、教具、保障学生营养和健康的条件、可用的信息系统和远程信息通信网络，以及学生可用的电子教学资源）；

j）科学（科研）活动的方向和结果，开展科研活动的科研活动基地（针对高等教育组织和补充职业教育组织）；

k）中等职业教育各专业的招生结果（在有入学考试的前提下），高等教育在不同招生条件下（联邦预算、联邦主体预算和地方预算拨款支持的名额以及按照教育合同、由自然人或法人提供资金支持的名额）各培养方向或专业的招生结果（公布所有入学考试的平均分），以及转学、复学和开除学生的结果；

l）各教育大纲、专业和培养方向的招生（转学）名额空缺数量（由联邦预算、联邦主体预算和地方预算拨款支持的名额以及按照教育合同由自然人或法人提供资金支持的名额）；

m）学生奖（助）学金和社会支持设置情况及其获得条件；

n）宿舍和床位空余情况，非本市学生的住宿情况，以及入住办理程序和费用；

o）依靠联邦预算、联邦主体预算和地方预算拨款支持，以及按照教育合同由自然人或法人提供资金支持的教学活动的规模和财务保障；

p）教育组织每一财年的财政和物质收支情况；

q）毕业生就业情况；

（2）文件副本：

a）教育组织的章程；

b）教育活动许可（含附件）；

c）国家认证证书（含附件）；

d）按照俄罗斯联邦法律规定程序批准的经济活动计划，或教育组织预算；

e）本联邦法律第三十条第2款确定的内部条例、内部学生规范、劳动规章和集体协议；

（3）教育组织自查结果报告。教育组织自查活动的指标和程序，由制定国家教育政策和法规的联邦权力执行机关确定；

（4）关于提供有偿教育服务程序的文件，包括提供有偿教育服务的合同样本、按照不同教育大纲确认有偿教育服务价格的文件；

（5）国家教育检查（监督）机关的工作指示及其执行情况的工作报告；

（6）其他按教育组织决议发布的信息或按照联邦法律要求必须发布的信息。

3. 如果本条第2款中的信息和文件不属于俄罗斯联邦法律规定的国家机密和其他受法律保护的信息，应将其上传至教育组织官方网站，并在创建、获得或更改上述信息的十个工作日内对其进行更新。信息上传和更新的方法，包括信息的内容和形式等，由俄罗斯联邦政府确定。

**第三十条　包含教育关系调整规范的内部条例**

1. 教育组织在其职权范围内，按照俄罗斯联邦法律和教育组织章程规定的程序，通过包括教育关系调整规范在内的内部条例（以下简称：内部条例）。

2. 教育组织在组织和实施教育活动的基础上通过内部条例，包括制定招生细则、课程安排、日常成绩考核和阶段性测试的形式、方法和周期，转学、复学和开除学生的程序和理由，开始、暂停和终止教育组织与学生或未成年学生家长（法定监护人）间关系的程序等。

3. 在通过涉及学生和工作人员的内部条例时，应考虑到学生委员会、家长委员会、学生代表机构和工作人员代表机构的意见和建议，同时按照工作人员代表机构（如有此类代表机构）劳动法规规定的程序和情形进行。

4. 如果与教育法规和劳动法规的规定相比，教育组织内部条例使学生或工作人员的地位和状态恶化，或内部条例的通过程序违反了规定程序，此内部条例不应通过，教育组织应将其取消。

第三十一条　实施培训的组织

1. 实施培训的组织包括实施教育活动的科学机构，收留孤儿和无父母照管的弃儿的组织，治疗、康复或疗养机构，从事社会服务的组织和其他法人。

2. 科学机构有权按照硕士学位大纲、科教人员培养大纲、临床住院医生培养大纲、职业培训大纲和补充职业教育大纲实施教育活动。

3. 治疗、康复或疗养机构及从事社会服务的组织有权按照普通教育大纲、补充普通教育大纲和职业培训大纲开展教育活动。

4. 考虑到本联邦法律第八十八条规定的具体情况，俄罗斯联邦外交代表团和领事机构、驻各国际（国家间、政府间）组织的代表处（以下简称：俄罗斯联邦外交部驻外机构）有权依据普通教育大纲和补充普通教育大纲开展教育活动。

5. 其他法人有权按照职业培训大纲、学前教育大纲和补充教育大纲实施教育活动。

6. 实施培训的组织应设立专门的子机构提供培训。该子机构的活动按照实施培训的组织制定并批准的规范条例开展。

**第三十二条　实施教育活动的个体企业主**

1. 个体企业主直接实施教育活动，或雇佣教育工作者实施教育活动。

2. 对法人和个体企业主（其分支机构）进行国家注册的联邦权力执行机关的授权机关，在有关国家注册的法规规定的程序和期限内，应将注册事宜及个体企业主的经济活动形式（即其教学活动）上报给俄罗斯联邦主体教育主管机关。

3. 个体企业主按照普通教育大纲、补充普通教育大纲和职业培训大纲开展教育活动。根据相关劳动法规的规定，不允许无权实施教育活动的自然人以个体企业主身份开展教育活动。

4. 个体企业主开始提供有偿教育服务前，应向学生和未成年学生家长（法定监护人）提供其作为个体企业主身份的国家注册信息、自身职业教育水平、教学年限和从事私人教学活动的年限。雇佣教育工作者的个体企业主，要提供教育工作者的职业教育水平和教学年限等信息。

5. 雇佣教育工作者的个体企业主实施教育活动时，要向雇佣的教育工作者提供其办学许可。

# 第四章　学生和家长（法定监护人）

**第三十三条　学生**

1. 按照教育组织实施的教育大纲水平、教育形式和学生在校时间的不同，学生包括：

（1）小学生——接受学前教育大纲教育的人员，接受普通教育大纲教育，同时住在教育组织中的人员；

（2）中学生——接受初等、基础或中等普通教育大纲，或补充普通教育大纲教育的人员；

（3）大学生（军校生）——接受中等职业教育大纲、学士学位大纲、专家培养大纲或硕士学位大纲教育的人员；

（4）科学副博士——在研究生院接受科教人员培养大纲教育的人员；

（5）助理研究员——按照科教人员培养大纲要求，进行军事或其他同类服务、在内务部门服务的人员，以及在研究机构从事麻醉药品和精神药品药制剂流通管理工作的人员；

（6）临床住院医生——接受临床住院医生培养大纲教育的人员；

（7）助教－进修生——接受助教－进修生培养大纲教育的人员；

（8）学员——接受补充职业教育大纲或职业培训大纲教育的人员；如果本联邦法律无其他规定，学员还包括在高等教育组织预科部学习的学生；

（9）自考生——为通过阶段性测试和国家结业考试而在实施经国家认证的教育大纲的教育组织中登记的人员。

2. 以培养未成年人参加军事或其他国家服务为目标，开展补充普通教育大纲教学活动的组织，由组织章程对学生的称谓作专门规定。

3. 大学生（军校生）免费获得记分册和学生证。记分册和学生证的样式由制定国家教育政策和法规的联邦权力执行机关确定。

4. 教育机构中规定学生其他称谓类别的公文，由俄罗斯联邦法律或组织内部条例确定。

**第三十四条　学生的基本权力及社会支持、奖励措施**

1. 学生享有以下权利：

（1）年满十八岁或完成普通教育后，有权选择受教育形式、教学方式和实施教育的组织；

（2）享有符合学生身心发展特点和健康状况的教育条件，包括获得免费的心理－医疗－教学矫正、社会教学帮助和心理援助；

（3）按照内部条例规定的程序，按照个人教学计划学习，包括接受教育组织具体教育大纲规定范围内的速成教育；

（4）按照内部条例规定的程序，在遵守中等职业教育和高等教育国家标准规定条件的前提下，参与制定个人职业教育的内容（这一权利可能受到定向培养合同的限制）；

（5）（在完成普通教育后）从教育机构提供的科目和课程清单中选择选修课（对该教育水平的职业、专业或培养方向非强制的课程）和任选课（按固定程序选修的课程）；

（6）在教育机构中按规定程序学习教学科目和课程的同时，也可在其他教育机构中学习教学科目和课程，掌握几种职业教育大纲的内容；

（7）按照教育机构规定的程序，就其在其他教育机构中完成的课程、实践和补充教育等接受测试；

（8）依据《俄罗斯联邦兵役法》（1998 年 3 月 28 日第 53 号联邦法律）的规定，申请延期参军服役；

（9）尊严受到尊重，人格不受侮辱，不受任何形式的身体和心理暴力，生命和健康得到保护；

（10）信仰自由、信息自由、个人观点和想法表达自由；

（11）根据联邦教育法规和教学进度表的规定，受教育过程中出于休养和其他原因可以享有假期；

（12）按照制定国家教育政策和法规的联邦权力执行机关规定的程序和理由，办理休学的权利，根据联邦法律的规定，享有孕产假和照顾幼儿至其三岁的权利；

（13）按照教育法规规定的程序，可以转学以接受其他教育形式、专业或培养方向的教育；

（14）按照制定国家教育政策和法规的联邦权力执行机关规定的情形和程序，学生可从有偿教育转至免费教育；

（15）按照制定国家教育政策和法规的联邦权力执行机关规定的程序，学生可转学至其他实施同等水平教育大纲的教育组织；

（16）按照教育法规规定的程序，学生可在实施职业教育大纲的教育组织重新接受教育；

（17）按照教育组织章程规定的程序，参与教育组织管理；

（18）了解教育组织的国家注册证书、组织章程、教育活动许可、国家认证证书、教学资料文件，以及其他关于教育活动组织和实施的规范文件；

（19）按照俄罗斯联邦法律规定的程序，对教育组织的行为进行申诉；

（20）免费使用教育组织的图书信息资源以及教学、生产和科学基地；

（21）按照教育组织内部条例规定的程序，可以使用教育组织的医疗、文化和体育设施；

（22）发展自身的创造才能和兴趣，包括参加比赛、奥林匹克竞赛、展览、观摩、体育活动（包括官方体育赛会）和其他大型活动；

（23）按照俄罗斯联邦法律的相关规定，在高等教育组织科教工作人员或科研机构工作人员的带领下，参与教育组织举办的科学研究和科技实验创新活动；

（24）出于学习、研究所选课题的目的，可以进行实习，包括到其他教育组织和科研机构（包括外国的高等教育组织和科研机构）进行学术交流；

（25）在教育组织出版的刊物上免费发表自己的作品；

（26）在教学、体育运动、社会、科技、创作、实验和创新等领域取得成绩的学生可获得奖励；

（27）在不影响学习教育大纲和完成个人学习计划的前提下，可以边接受教育边工作；

（28）从教育组织中获得国家在各职业、专业和培养方向上的相关就业信息；

（29）本联邦法律、俄罗斯联邦其他法律和教育组织内部条例规定的其他学术权利。

2. 学生享有以下社会支持和奖励措施：

（1）按照联邦法律和俄罗斯联邦主体法律规定的情形和程序，获得国家的全面保障，包括衣服、鞋类、被褥和清扫用品等；

（2）按照联邦法律和俄罗斯联邦主体法律规定的情形和程序，获得国家的饮食营养保障；

（3）按照本联邦法律和宿舍住宿规章的相关规定，在寄宿学校获得床位保障；

（4）按照本联邦法律第四十条的规定，获得交通出行保障；

（5）按照教育法规的规定，获得奖学金、物质支持和其他现金补助；

（6）按照本联邦法律和俄罗斯联邦法律规定的程序，获得教育贷款；

（7）俄罗斯联邦和俄罗斯联邦主体的规范性法律文件、地方自治机关的法律文件和教育组织内部条例规定的其他社会支持措施。

3. 以自学或家庭教育形式学习普通教育大纲的人员，或者完成未经国家认证的教育大纲学习的人员，有权以自考生的身份在实施经国家认证的相应教育大纲的组织中参加阶段性测试和国家结业考试。未接受过基础教育或中等普通教育的上述人员，有权以自考生的身份在实施经国家认证的普通教育大纲的组织中免费参加阶段性测试和国家结业考试。参加测试时，自考生享有相应教育大纲规定的学术权利。

4. 学生有权自主选择参加教育机构中举办的活动，也可按照内部条例规定的程序，参加教学计划未列出的活动。没有学生和未成年学生家长（法定监护人）的同意，禁止组织实施教育大纲中没有规定的劳动活动。

5. 学生有权加入社会团体，包括依据俄罗斯联邦法律创立的工会；有权按照联邦法律规定的程序，创立学生社会团体。

6. 禁止强迫学生和其他受教育者加入社会团体（包括政党）、参与社会团体的宣传运动和政治行动。

7. 学习中等普通教育、中等职业教育和高等教育大纲的学生，有权创立课余时间组织学生在社会各领域以临时就业为目的的学生社会团体。

8. 按照俄罗斯联邦法律的规定，联邦预算、联邦主体预算或地方预算拨款提供财政保障的教育机构，在自己的职权范围内为联邦预算、联邦主体预算或地方预算拨款支持的学生提供奖学金、住宿费，以及本联邦法律和其他联邦规范性法律文件规定的其他社会支持措施。

9. 如果教育机构的办学许可被废止，实施国家认证的教育大纲的权力被剥夺或有效期满，该组织的创立者或授权管理机构应保证在获得成年学生同意和未成年学生家长（法定监护人）同意的前提下，将学生转至实施同等水平和方向教育大纲的其他组织继续接受教育。如果教育机构的办学许可暂时中止或者国家认证的专业和培养方向全部或部分中止，该组织的创立者或授权管理机构应保证按照成年学生的申请和未成年学生家长（法定监护人）的申请，将学生转至实施同等水平和方向基础教育大纲的其他组织接受教育。上述转学行为的程序和条件，由制定国家教育政策和法规的联邦权力执行机关确定。

【10. 完成中等普通教育大纲学习、顺利通过国家结业考试且教

学大纲要求的所有科目最终成绩均为"优秀"的学生，教育组织同时向其颁发"学习成就奖"奖牌。奖牌样式、描述说明和颁发的程序，由制定国家教育政策和法规的联邦权力执行机关确定（2014年5月27日第135号联邦法律新增）。】

第三十五条　教科书、教学参考书和教学、德育手段的使用

1. 依靠联邦预算、联邦主体预算和地方预算拨款学习基础教育大纲内容的学生，在受教育期间，可免费使用联邦国家教育标准和具体教育标准规定范围内的教科书、教学参考书、教学法资料和教具。

2. 实施联邦国家教育标准和具体教育标准规定范围内教育活动的组织，依靠联邦预算、联邦主体预算和地方预算的拨款，保障其实施基础教育大纲所需的教科书、教学参考书、教学法资料和教具。

3. 学习联邦国家教育标准和具体教育标准规定外的教学科目、课程或接受有偿教育服务的学生，按照教育机构规定的程序使用教科书和教学参考书。

第三十六条　奖学金和其他现金支持

1. 奖学金是为鼓励和帮助学生完成相应教育大纲学习的一种现金支持。

2. 俄罗斯联邦设置以下奖学金形式：

（1）国家学业奖学金；

（2）国家社会奖学金；

（3）科学副博士、临床住院医生和助教－进修生国家奖学金；

（4）俄罗斯联邦总统奖学金和俄罗斯联邦政府奖学金；

（5）以著名人士命名的奖学金；

（6）由法人或自然人指定学生的奖学金，包括用于其教育的专项奖学金；

（7）在本联邦法律规定情形下，发给预科部学生的奖学金。

3. 国家学业奖学金或国家社会奖学金发放给由联邦预算拨款支持、接受面授教育的大学生，其发放程序由制定国家教育政策和法规的联邦权力执行机关确定。

4. 国家学业奖学金发放给符合制定国家教育政策和法规的联邦权力执行机关规定的相应要求的大学生。

5. 国家社会奖学金发放给孤儿和无父母照管的弃儿、残疾儿童、Ⅰ级和Ⅱ级残疾人员、在切尔诺贝利核泄漏事故和塞米巴拉金斯克核试验场受到辐射伤害的大学生，在服兵役期间因伤致残或致病的学生、参加过军事行动或有权获得国家社会性帮助的老兵，以及与俄罗斯联邦武装力量部门、俄罗斯联邦内务部内部部队、联邦权力部门下属的执行民防任务的工程技术部门、道路建设部门和军事救援部门、俄罗斯联邦外部情报机关、联邦安全服务部门、国防和征兵保障（征召士兵、水兵、中士，按照1998年3月28日第53号联邦法律《兵役法》第51条第1项的第b~r点、第2项的第a点退役的士兵）部门等签约服务不少于三年的大学生。

6. 科学副博士、临床住院医生、助教－进修生和依靠联邦预算拨款支持、接受面授教育的大学生，按照制定国家教育政策和法规的联邦权力执行机关规定的程序获得国家奖学金。

7. 国家学业奖学金，国家社会奖学金，以及科学副博士、临床住院医生、助教－进修生与依靠俄罗斯联邦主体预算拨款和地方预算拨款支持、接受面授教育的学生获得国家奖学金的程序，由相关的俄罗斯联邦主体国家权力机关和地方自治机关确定。

8. 大学生国家学业奖学金、大学生国家社会奖学金以及科学副博士、临床住院医生和助教－进修生国家奖学金，由教育机构规定金额，并从其专门为学生提供奖学金保障的资金（奖学金基金）中发放，金额的设定应考虑到组织中学生委员会和首届工会选举委员会

（如有）的意见。

9. 大学生国家学业奖学金、大学生国家社会奖学金以及科学副博士、临床住院医生和助教－进修生国家奖学金的金额，不得低于本条第 10 款规定的标准。

10. 奖学金基金的规模是根据依靠联邦预算拨款支持、接受面授教育的学生人数，以及俄罗斯联邦政府依据各职业教育水平和学生类别制定的标准确定的，同时考虑到通货膨胀水平。由俄罗斯联邦主体预算拨款支持设立的奖学金基金的标准，由俄罗斯联邦主体国家权力机关确定；地方预算拨款支持设立的奖学金基金的标准，由地方自治机关确定。

11. 如果外国学生和无国籍学生由联邦预算、联邦主体预算和地方预算拨款支持（包括俄罗斯联邦政府规定的名额）接受职业教育大纲的面授教育，或者按照俄罗斯联邦国际条约相关规定接受教育，可获发大学生国家学业奖学金、大学生国家社会奖学金和科学副博士、临床住院医生和助教－进修生国家奖学金。

12. 俄罗斯联邦总统奖学金和俄罗斯联邦政府奖学金的金额和发放程序，分别由俄罗斯联邦总统和俄罗斯联邦政府确定。

13. 以著名人士命名的奖学金由联邦国家权力机关、联邦主体国家权力机关、地方自治机关、法人和自然人设立，并由设立者对金额和发放程序予以确定。

14. 联邦预算拨款支持的、在国家高等教育组织预科部学习的学员，由俄罗斯联邦政府确定其奖学金金额，其发放程序由制定国家教育政策和法规的联邦权力执行机关确定。

15. 由联邦预算拨款支持的、提供国家教育领域服务的职业教育组织和高等教育组织，其奖学金基金额度的 25% 应用于为有需要的学生提供物质支持。奖学金基金还应用于组织学生文化、体育和保健工作，为学习中等职业教育大纲的学生每月发放一次奖学金，为学习高等教育大纲的学生每月发放两次奖学金。物质支持的发放规模和程序由教育组织结合学生委员会和学生代表机构的意见后，在教育组织内部条例中确定。

16. 教育机构有权使用其活动收益，为学生提供各种形式的物质支持。

17. 向实施与国家国防安全、法律秩序有关的教育大纲的联邦国立教育组织中的学生现金支付的金额、条件、程序，按照联邦法律规定的程序确定。

### 第三十七条　学生的饮食营养

1. 学生的饮食供应由教育机构负责。

2. 课程安排应为学生用餐预留足够长的休息时间。

3. 实施特殊专业和培养方向教育大纲（包括培养国家国防和安全、内外海航行、捕鱼船队航行、航空航天等领域人才的大纲）的联邦国立教育组织，以及以培养未成年人参加军事或其他国家服务为目标的、实施补充普通教育大纲的普通教育组织和职业教育组织，其学生的饮食营养保障标准和程序，由上述组织自行确定。

4. 由俄罗斯联邦主体预算拨款支持的学生，其饮食营养根据俄罗斯联邦主体国家权力机关规定的情形和程序予以保障；地方预算拨款支持的学生，其饮食营养根据地方自治机关规定的情形和程序予以保障。

### 第三十八条

学生的被服保障（2013 年 1 月 4 日版）

1. 实施特殊专业和培养方向教育大纲（包括培养国家国防和安全、内外海航行、捕鱼船队航行、航空航天等方面人才的大纲）的联邦国立教育组织，以及以培养未成年人参加军事或其他国家服务为目标的、实施补充普通教育大纲的普通教育组织和职业教育组织，其学生的被服（包括制服）保障标准和程序，由上述组织的创立者确定。如果本联邦法律无其他规定，学生制服的穿戴规则和徽章标志，由上述组织的创立者确定。

2. 俄罗斯联邦主体预算拨款支持的学生，其被服（包括制服）根据俄罗斯联邦主体国家权力机关规定的情形和程序予以保障；地方预算拨款支持的学生，其被服（制服）根据地方自治机关规定的情形和程序予以保障。

学生的制服和其他服装（2014 年 6 月 28 日版）

1. 如果本条无其他规定，教育机构有权对学生的衣着提出要求，包括对整体外观、颜色、款式、徽章和着装规范的要求。教育机构在通过相关内部条例时，应考虑到学生委员会、家长委员会、工作人员代表机构或学生代表机构（如有）的意见。

2. 实施初等、基础和中等普通教育大纲的国立和市立教育组织，根据俄罗斯联邦主体权力机关授权部门批准的示范性要求，对其学生的着装作出规范要求。

3. 俄罗斯联邦主体国家权力机关规定情形下的学生着装，由俄罗斯联邦主体预算拨款予以保障。

4. 实施特殊专业和培养方向教育大纲（包括培养国家国防和安全、法治、海关事务、内外海航行、捕鱼船队航行、航空航天等方面人才的大纲）的联邦国立教育组织，以及以培养未成年人参加军事或其他国家服务为目标的实施补充普通教育大纲的普通教育组织和职业教育组织，如果本联邦法律无其他规定，其学生制服的样式、描述、徽章和着装规范，由上述组织的创立者确定。

5. 本条第 4 款提及的各教育组织中的学生制服和其他服装，依照组织创立者确定的规则和程序得以保障。

6. 俄罗斯联邦主体预算拨款支持的学生，其制服和其他服装根据俄罗斯联邦主体国家权力机关规定的情形和程序予以保障；地方预算拨款支持的学生，其制服和其他服装根据地方自治机关规定的情形和程序予以保障。

### 第三十九条

学生的住宿保障（2013年1月4日版）

1. 设有专门的住宿基金会的中等职业教育组织和高等教育组织，应根据教育组织内部条例规定的程序，为有住宿需要的接受面授教育的学生提供住宿。对于申请宿舍的学生，没有住宿基金会发放的入住许可不能办理入住（包括出租和其他交易）。每一名入住的学生都要按照住房相关法规规定的程序签订租房合同。

2. 有住宿基金会的教育机构，应在函授学生参加阶段性测试和结业考试期间，为函授学生提供住宿。

3. 学生住宿和宿舍公共服务的收费金额，由教育机构结合学生委员会和学生代表机构（如有）的意见后，在组织内部条例中确定。教育机构有权降低住宿和宿舍公共服务收费，或按其规定不收取某类学生的住宿费和宿舍公共服务费用。

4. 住宿基金会应优先向本联邦法律第三十六条第5款中涉及的人员提供免费住宿。

学生的住宿保障（2014年6月28日版）

1. 设有专门的住宿基金会的中等职业教育组织和高等教育组织，应为有需要的面授学生提供宿舍住宿，并为函授学生在教育组织参加阶段性测试和结业考试期间提供宿舍住宿。

2. 教育机构根据其内部条例规定的程序，向学生提供宿舍住宿。宿舍床位优先向本联邦法律第三十六条第5款涉及的学生提供。每一名申请宿舍的学生，均应按照住房相关法规规定的程序签订租房合同。需要宿舍的学生承租后，不得将其用于与本人租住无关的活动。

3. 教育机构根据与学生签订的宿舍租住合同，向后者收取住房使用费（租用费）和公共服务费。

4. 学生宿舍住房使用费（租用费）收取的金额，取决于宿舍的质量、设施、位置和布局。住房使用费（租用费）的金额，由教育组织结合学生委员会和学生代表机构（如有）的意见后，在教育组织内部条例中确定；该金额不应高于教育组织创立者规定的最高金额。

5. 学生租住宿舍的公共服务费计入教育组织住房基金，其金额按照俄罗斯联邦政府规定的程序确定。

6. 教育机构有权降低住房使用费（租用费）或公共服务费，或者在结合学生委员会和学生代表机构（如有）的意见后，不收取某类学生的住房使用费（租用费）和公共服务费用。本联邦法律第三十六条第5款中人员的住房使用费（租用费）和公共服务费可以免除。

**第四十条　交通保障**

1. 交通保障包括，在本条第2款规定情形下，免费运送学生往返于教育组织和住处，或根据俄罗斯联邦法律的规定，为乘坐公共交通工具的学生提供社会支持。

2. 实施普通教育大纲的国立和市立教育组织，由其创立者免费组织运送学生往返于教育组织和住处。

**第四十一条　学生保健**

1. 学生保健包括：

（1）根据卫生保健法规规定的程序，为学生提供基本的卫生保健帮助；

（2）组织学生的饮食供应；

（3）确定最佳的课内外任务量、课程安排和假期时长；

（4）宣传、教导健康的生活方式和劳动保护要求；

（5）组织学生的疾病预防工作，改善卫生条件，为学生进行体育运动创造条件；

（6）根据俄罗斯联邦法律的规定，对学生进行定期体检和疾病防治；

（7）预防并禁止吸烟，饮用酒精饮料，使用麻醉药品、精神药物、其前体和类似品及其他麻醉制剂；

（8）保障学生在教育机构期间的安全；

（9）防止学生在教育机构期间发生意外事故；

（10）开展卫生防疫和预防工作。

【（11）培训教育工作者急救技能（2016 年 7 月 3 日第 313 号联邦法律新增）。】

2. 教育机构负责组织学生保健工作（初级卫生保健援助、体检和疾病防治除外）。

3. 卫生保健领域的权力执行机关负责向学生提供初级卫生保健援助。教育组织有义务为医疗工作者提供具备医疗条件的场所。

4. 教育机构开展教学活动的同时，应为保障学生的健康创造条件，其中包括：

（1）日常监督学生健康状况；

（2）在俄罗斯联邦采取卫生、预防和保健措施，组织学生进行卫生保健培训；

（3）遵守国家疾病卫生防治的有关规定；

（4）制定国家教育政策和法规的联邦权力执行机关在获得制定国家卫生政策和法规的联邦权力执行机关同意后确定相关程序，教育机构按此程序对学生在组织中学习期间发生的意外事故进行调查登记。

5. 应为学习普通教育大纲且需要接受长期治疗的学生建立专门的教育组织，包括疗养学校，方便为上述学生提供必要的治疗、康复和保健措施。因身体状况不能到教育组织学习的上述学生和残疾学生，经医疗机构鉴定和学生家长（法定监护人）提交书面申请后，也可在家或医疗机构接受教育。

6. 如果需接受长期治疗的学生或残疾学生的家长（法定监护人）向国立和市立教育组织提出学生在家或医疗机构接受教育的申请，其办理细则和程序由俄罗斯联邦主体国家权力机关的授权部门在其内部规范中确定。

**第四十二条** 为学习普通教育大纲和适应社会有困难的学生提供心理－教育、医疗和社会援助

1. 学习普通教育大纲、个人发展和适应社会有困难的学生，包括按照刑事法规规定的情形和程序认定的刑事案件中的未成年嫌疑人、被告、受害人或证人，可在俄罗斯联邦主体国家权力机关设立的心理－教育、医疗和社会援助中心获得心理、医疗和社会帮助，也可在教育机构中接受心理学家和教育心理学家的上述帮助。

2. 心理－教育、医疗和社会援助包括：

（1）学生、家长（法定监护人）和教育工作者的心理和教育咨询；

（2）矫正学生言语障碍的补偿性矫正课程；

（3）康复设施和其他医疗设施；

（4）职业规划、就业指导和社会适应方面的帮助。

3. 心理－教育、医疗和社会援助经学生家长（法定监护人）提交书面申请或书面同意后方可实施。

4. 心理－教育、医疗和社会援助中心为教育机构提供帮助，包

括解决其在实施普通教育大纲过程中遇到的教育和心理问题，提供教学法帮助，制定教育大纲和个人教学计划，帮助学习有困难的学生发现并消除潜在的学习阻碍、选出最适宜的教学方法，以及监控上述援助措施的有效性。

5. 心理－医疗－教育委员会可委托心理－教育、医疗和社会援助中心实施活动，包括对学生进行心理－医疗－教育方面的综合检查以便及时发现其身心发展特点或行为偏差，按照检查结果提出利于教学和德育的相关建议，对之前的建议进行确认、解释或修改等。与制定国家卫生政策和法规的联邦权力执行机关协商一致后，由制定国家教育政策和法规的联邦权力执行机关确定心理－医疗－教育委员会的规章制度和心理－医疗－教育综合检查的程序。

6. 心理－教育援助由心理教育工作者、社会教育工作者、言语矫正教师、残疾儿童教师和其他同等社会功能机构的专家在心理－教育、医疗和社会援助中心提供。心理－教育、医疗和社会援助中心采取综合措施为存在社会适应障碍的儿童进行检查，同时帮助其与家庭、就业机构和住房、补助金保障部门等建立联系。

**第四十三条　学生的责任和义务**

1. 学生有义务：

（1）认真学习教育大纲，完成个人教学计划规定的课程，独立完成教学人员根据教育大纲布置的预习、作业任务；

（2）认真执行教育机构的章程要求、规章制度、住宿制度、其他与教育活动的组织和实施有关的内部条例；

（3）保持健康，增强体魄，追求身心健全与自我完善；

（4）尊重教育机构中的其他学生和工作人员，不妨碍其他学生接受教育；

（5）爱护教育机构中的财物。

2. 本条第 1 款未规定的学生责任和义务，由本联邦法律、其他联邦法律和教育合同（如有）规定。

3. 教育机构的基本原则应建立在尊重学生和教育工作者人格的基础上。不允许对学生施加身体或心理上的暴力行为。

4. 对于不执行或违反教育机构章程、规章制度、住宿制度和其他内部条例的学生，教育机构可予以批评、警告和开除处罚。

5. 不应对接受学前和初等普通教育大纲教育的学生以及健康状况受限（心理发育迟缓或存在智力缺陷）的学生予以处罚。

6. 不允许对生病、休假、休学、休孕产假或育婴假的学生予以处罚。

7. 教育机构应结合学生委员会和家长委员会的意见，视学生违纪行为的原因、情节的严重性、身心和情绪状况以及以往是否存在类似行为等，确定对学生的处罚等级。

8. 对于不止一次违反本条第 4 款相应规定的年满十五岁的未成年学生，教育机构可予以开除处罚。如果未成年学生的行为侵害到其他学生和工作人员的权益，影响到组织的正常运行，在其他处罚措施和教育措施对该生不奏效的情况下，可予其以开除处罚。

9. 对年满十五岁且未完成基础普通教育的未成年学生处以开除处罚时，应考虑到其家长（法定监护人）的意见，并获得未成年人保护委员会的同意。对未成年孤儿和无父母照管的学生处以开除处罚时，应获得未成年保护委员会和相应监护机构的同意。

10. 教育组织有责任及时向地方教育管理机关上报处以未成年学生开除处罚的相关信息。地方教育管理机关和被开除的未成年学生家长（法定监护人）在处罚下达一个月内，应采取相应措施保障学生继续接受普通教育。

11. 学生和未成年学生家长（法定监护人）有权就学生所受处罚，向教育关系参与者争端处理委员会提起申诉。

12. 学生处罚的确认和取消程序，由制定国家教育政策和法规的联邦国家权力执行机关确定。

**第四十四条　未成年学生家长（法定监护人）的权利、责任和义务**

1. 未成年学生家长（法定监护人）有先于他人对儿童进行教育教导的权利，有义务为儿童的身心和智力发展奠定基础。

2. 国家权力机关、地方自治机关和教育组织应在教育教导儿童、增强学生身心健康、发展学生个人能力和矫正学生不良行为等方面向未成年学生家长（法定监护人）提供帮助。

3. 未成年学生家长（法定监护人）拥有以下权利：

（1）基础普通教育阶段，在结合学生个人意愿和心理－医疗－教育委员会（如有）建议的基础上，有权为学生选择受教育方式、教育机构、教育语言，从教育机构提供的相应清单中选择选修课和任选课等；

（2）在家对儿童进行学前、初等、基础和中等普通教育，在家接受基础普通教育的儿童，有权按照自己的意愿在基础普通教育的任何阶段继续在教育组织中学习；

（3）了解教育机构的章程、教学活动许可、国家认证证书、教学纲领性文件以及有关教学活动组织和开展的其他文件；

（4）了解教育内容、教学方法、教育技术和学生成绩评定；

（5）保护学生的法律权益；

（6）获得学生预计进行的所有检查（心理和心理－教育）的信息，并有权同意或拒绝学生接受、参与检查，有权知晓检查结果；

（7）按照教育机构章程规定的形式参与组织管理；

（8）学生在接受心理－医疗－教育委员会检查时可以在场，可以就检查结果进行讨论并提出建议，对儿童的教育培养条件提出自己的想法。

4. 未成年学生家长（法定监护人）应履行以下义务：

（1）保障儿童接受普通教育；

（2）遵守教育机构的内部条例、住宿制度、与课程有关的内部要求，以及教育机构、学生及（或）家长（法定监护人）间关系产生、暂停和终止的调整程序；

（3）尊重教育机构中学生和工作人员的人格和尊严。

5. 本联邦法律、其他联邦法律和教育合同（如有）规定的未成年学生家长（法定监护人）的其他权利和义务。

6. 如果未成年学生家长（法定监护人）未履行本联邦法律和其他联邦法律规定的义务或履行不当，其应按照俄罗斯联邦法律的规定承担相应责任。


第四十五条　学生和未成年学生家长（法定监护人）权利的保护

1. 为保障自身权利，学生和未成年学生家长（法定监护人）自己或通过其代理有权：

（1）如果教育机构工作人员的行为侵犯或损害到学生和未成年学生家长（法定监护人）的权利，后者有权向上述组织的管理部门提出惩戒处罚请求；

（2）向教育关系参与者争端处理委员会提起申诉，包括教育工作者利益冲突问题等；

（3）使用俄罗斯联邦法律允许的其他手段保护自身合法权益。

2. 教育关系参与者争端处理委员会是为解决教育关系参与者间的分歧设立的，主要处理受教育权行使过程中的各种问题、内部条例的通过以及对学生所受处罚提请的申诉等。

3. 教育关系参与者争端处理委员会由教育机构中的成年学生

代表、未成年学生家长（法定监护人）和工作人员按相等数量组成。

4. 教育关系参与者争端处理委员会所作决定适用于组织中教育关系的所有参与者，且后者应在决定规定的期限内予以执行。

5. 对于教育关系参与者争端处理委员会所作的决定，可按照俄罗斯联邦法律规定程序进行申诉。

6. 教育机构在综合考量学生委员会、家长委员会、工作人员代表机构或学生代表机构（如有）的意见后，依据内部条例的规定，设立、组织教育关系参与者争端处理委员会的活动，通过并执行委员会所作决定。

# 第五章　教育机构中的领导、教育
# 工作者和其他工作人员

第四十六条　从事教学活动的权利

1. 具有中等职业教育或高等教育从业资格证书，且符合其职业资格等级要求或职业标准的人员有权从事教育活动。

2. 教育机构中教育工作者和领导的职位和职称，由俄罗斯联邦政府确定。

第四十七条　教育工作者的法律地位和教育工作者的自由、权利及其保障

1. 教育工作者的法律地位是俄罗斯联邦法律和联邦主体法规规定的教育工作者享有的权利和自由（包括学术自由和权利）、劳动权利、社会保障、补偿和约束、责任和义务的总称。

2. 俄罗斯联邦承认教育工作者在社会中的特殊地位，并为其开

展职业活动创造条件。俄罗斯联邦为教育工作者提供权利和自由，旨在保障其较高的职业水平，高效完成工作任务的条件，提高社会重要性和教师工作的声望。

3. 教育工作者享有以下学术自由和权利：

（1）教学自由，自由发表观点，职业活动不受干涉的自由；

（2）选择并使用合理的教育方式和教学方法的自由；

（3）在教育大纲和个别科目、课程的范围内，创造性地使用教学计划和教学方法的权利；

（4）根据教育大纲和教育法规规定的程序，选择教科书、教学参考书和其他教学资料的权利；

（5）参与制定教育大纲，包括教学计划、教学进度表、科目、课程、教学法材料和其他材料的权利；

（6）开展科研和创造活动、参与实验研究和国际活动、推广创新应用的权利；

（7）按照教育机构内部条例规定的程序，免费访问远程信息通信网络和数据库，免费使用图书馆和信息资源、教学法材料和教育技术手段，以及保障教育、科研活动顺利完成的其他资源的权利；

（8）按照俄罗斯联邦法律或内部条例规定的程序，免费使用教育机构中教学和科研设备的权利；

（9）按照教育机构章程规定的程序，参与组织的管理工作，包括加入管理委员会的权利；

（10）参与讨论教育组织中各项活动的开展与实施，包括通过教育组织管理部门和公共团体参与讨论的权利；

（11）按照俄罗斯联邦法律规定的形式和程序，加入工会组织的权利；

（12）向教育关系参与者争端处理委员会提出申诉的权利；

（13）对违反教育工作者职业道德规范的行为进行公正、客观的调查，维护教育工作者职业声誉和尊严的权利。

4. 本条第 3 款涉及的学术自由和权利，应在尊重教育关系其他参与者的权利和自由、遵守俄罗斯联邦法律要求、维护教育工作者职业道德的前提下方可享有。

5. 教育工作者享有以下劳动权利和社会保障：

（1）缩短工作时长的权利；

（2）至少每三年参加一次教育领域补充职业教育培训的权利；

（3）休带薪年假的权利。假期时长由俄罗斯联邦政府规定；

（4）按照制定国家教育政策和法规的联邦权力执行机关规定的程序，每连续工作十年的教育工作者有一次休长假的权利，假期时长最长为一年；

（5）教育工作者根据俄罗斯联邦法律规定的程序，提前支取养老金的权利；

（6）有住房需求的教育工作者登记后，有优先签订社会住房租赁协议、获得专项住房基金的权利；

（7）联邦法律和俄罗斯联邦主体法律规定的其他劳动权利和社会保障。

6. 教育工作者在工作时间内，按照所承担的职务完成教学、德育、科研工作，职务或个人计划规定的其他工作——与教学法、教学准备、诊断、保健、体育运动有关的工作，以及其他活动中的学生监管工作等。教育工作者的具体劳动（职务）责任，由劳动合同和职务守则确定。教育机构在结合教学计划和工作人员的专业和职业技能后，在内部条例中规定每个工作周或每学年中教学工作和其他教育工作的比例。

7. 考虑到联邦劳动法规的要求和教育领域的具体情况，教育工作者的工作和休息制度应在协调集体合同、内部劳动制度、劳动合同、工作进度表和课程安排后方可确定。

8. 在村镇、工人新村居住和工作的教育工作者，有权获得住房、供暖和照明补贴。上述补贴的金额、条件和程序由各级权力机关法规规定，并由各级财政预算拨款支持。

9. 按照国家权力机关授权部门的要求参加国家统一考试的教育工作者，参加考试期间不承担主要工作，且享有劳动法规和其他劳动法令规定的国家保障和补贴。教育工作者会获得备考和参加考试的补偿，补偿的金额和程序由俄罗斯联邦主体确定，由俄罗斯联邦主体预算划拨专门款项支持。

10. 为吸引职业教育组织和高等教育组织的毕业生投身教育事业，俄罗斯联邦主体国家权力机关有权采取额外的国家支持措施。

**第四十八条　教育工作者的责任和义务**

1. 教育工作者需要：

（1）保质保量完成教学活动，使教学科目、课程与既定的教学计划一致；

（2）遵守法律、道德和伦理规范，奉行职业道德要求；

（3）尊重学生和其他教育关系参与者的声誉和尊严；

（4）培养学生的学习积极性、独立性、主动性和创造能力，使其形成公民意识，具备在当今世界环境中工作和生活的能力，养成健康安全的生活方式；

（5）使用高效合理的教育形式和教学方法；

（6）考虑到学生的身心发展特点和健康状况，为健康状况受限学生接受教育提供专门条件，并在必要时与医疗机构进行配合；

（7）系统提高自身专业水平；

（8）按照教育法规规定的程序接受职务考评；

（9）按照劳动法规的规定接受入职体检和定期健康检查，或按雇主要求接受额外的健康检查；

（10）按照俄罗斯联邦法律的规定，接受劳动保护方面的知识技能培训和测验；

（11）遵守教育组织的章程、组织结构规范条例及内部劳动规章。

2. 如果教育机构中教育工作者向该组织的学生提供有偿教育服务的行为造成教育工作者之间的利益冲突，其无权继续提供有偿教育服务。

3. 教育工作者禁止利用教育活动进行政治宣传，强制学生接受或拒绝政治、宗教及其他信仰，挑起社会、种族、民族或宗教纠纷；禁止宣传某一特定社会阶层、种族、民族、宗教或语言所属公民的特殊性、优越性或缺陷；禁止向学生传输来源不可靠的历史、宗教和民族传统文化知识；禁止作出使学生产生抵触宪法的想法的行为。

4. 教育工作者有责任按照联邦法律规定的情形和程序，履行应尽义务。如果教育工作者未履行义务或履行不当，其将承担相应责任。教育工作者未履行本条第 1 款规定的义务或履行不当的情况，应纳入对其的考核范围。

**第四十九条 教育工作者资格认定**

1. 教育工作者资格认定是在其职业活动评定的基础上，按教师意愿进行的（教授委员会成员除外），以此确定教育工作者的职业资格等级，批准其职位和职称。

2. 教育机构在职业活动评定的基础上，单独成立考核委员会，对担任职务的教育工作者每五年认定一次。

3. 在联邦权力执行机关管辖的教育机构中，教育工作者的职业资格等级认定由联邦权力执行机关成立考核委员会实施考核；俄罗斯联邦主体管辖的教育组织、市立和私立教育组织中的教育工作者，其职业资格等级认定由俄罗斯联邦主体国家权力机关的授权部门成立考核委员会实施考核。

4. 对教育工作者实施考核的程序，由制定国家教育政策和法规的联邦权力执行机关与制定国家劳动政策和法规的联邦权力执行机关协商后确定。

**第五十条** 科学 – 教育工作者

1. 在实施高等教育大纲和补充职业教育大纲的组织中设置教育工作者和科学工作者职位，他们是科学 – 教育工作者。教育工作者在上述组织中属于教师群体。

2. 享有国家科学法规和科技政策规定的权利的同时，科学工作者有权：

（1）按照教育组织章程规定的程序，加入教育组织各管理委员会；

（2）参与讨论教育组织的各项活动；

（3）在保证安全的前提下，选择符合科研特点的方法和手段，以保障研究高质量完成；

（4）按照俄罗斯联邦法律或教育组织内部条例规定的程序，免费使用教育组织的教学和科研设施。

3. 承担国家科学法规和科技政策规定的责任的同时，科学工作者有义务：

（1）根据学生所选的专业和培养方向，培养其具备职业素养；

（2）培养学生的独立性、主动性和创造性。

**第五十一条** 教育组织领导的法律地位和高等教育组织的主席

1. 根据俄罗斯联邦法律和教育组织章程的规定，教育组织的领导：

（1）由教育组织职工大会（职工和学生大会）选举，经教育组织创立者批准后产生；

（2）由教育组织创立者任命；

（3）由俄罗斯联邦总统在联邦法律规定的情形下任命；

（4）由俄罗斯联邦政府任命（联邦大学校长）。

2. 教育组织领导职位的候选人，应具备高等教育水平，并具有与相应职位或职业标准要求相符的职业技能水平。

3. 禁止未按劳动法规规定从事教育活动的人员担任教育组织的领导职务。

4. 国立和市立教育组织领导的候选人（本条第1款第3项、第4项中人员除外）必须接受考评，考评的程序和期限由教育组织的创立者确定。在俄罗斯联邦法律规定的情形下，联邦国立教育组织的领导候选人考核还需经过与俄罗斯联邦总统授权的联邦国家机关协商后进行。

5. 国立和市立教育组织及其分支机构的领导，不能以兼职身份担任。

6. 教育组织领导的权利、义务和管理权限由教育法规和教育组织章程规定。

7. 教育组织的领导按照俄罗斯联邦政府规定的程序，享有本联邦法律第四十七条第5款第3项、第5项和第8款规定的权利、社会保障和社会支持。

8. 教育组织的领导对教育组织的教学、科研和经济活动负责。

9. 按照联邦法律规定的程序，培养国防和国家安全领域人才的联邦国立教育组织，其领导的职务任免由国家提供法律和制度保障。

10. 私立教育组织领导的选举、任命和职位，由教育组织章程根据劳动法规的规定予以确定。

11. 高等教育组织中，根据学术委员会的决定，可以任命高等教育组织主席。

12. 高等教育组织的校长和主席不可由一人同时担任。

13. 高等教育组织主席的选拔程序和权利，由高等教育组织的章程确定。

14. 国立和市立高等教育组织的主席选拔产生后，其需与上述组织的创立者签订最长期限为五年的劳动合同。终止与主席的劳动合同，应以劳动法规规定的理由为准，包括终止与该教育组织负责人的合同。

**第五十二条  教育组织中的其他工作人员**

1. 教育组织中除教学工作者和科学工作者外，还有工程技术人员、行政管理人员、生产人员、教学辅助人员和医疗人员等承担教育组织的运行工作。

2. 符合相应职业资格等级要求或职业标准的人员有权担任本条第 1 款中规定的相应职务。

3. 教育组织中担任本条第 1 款中职务的工作人员，其权利和义务由联邦法律、教育组织的章程和其他内部条例、员工手册、职位说明以及劳动合同确定。

4. 教育组织的副职领导，以及各部门的领导及其副职领导，按照俄罗斯联邦政府规定的程序，享有本联邦法律第四十七条第 5 款第 3 项、第 5 项和第 8 款中涉及的教育工作者的权利、社会保障和社会支持。

# 第六章  教育关系产生、变更和终止的依据

**第五十三条  教育关系的产生**

1. 教育机构的管理细则是教育关系产生的依据，其涉及组织招

生、阶段性测试和国家结业考试，对于从事教育活动的个体企业主，还包括教育合同。

2. 教育机构在招收学前教育学生，或公布依靠自然人或法人提供资金支持接受教育的招生管理细则前，应与学生签订教育合同。

3. 教育机构在招收接受本法第五十六条中定向教育的学生，公布招生管理细则前，应与其签订定向招生合同和定向培养合同。

4. 自教育机构招生管理细则规定的日期或私立教育组织教育合同中规定的日期起，学生应享有并履行教育法规和组织内部条例规定的权利和义务。

**第五十四条　教育合同**

1. 教育合同是以下对象间签订的一种简单书面文件：

（1）教育机构与被录取的人员［未成年学生家长（法定监护人）］；

（2）教育机构、被录取的人员及为被录取人员提供教育资金支持的自然人或法人。

2. 教育合同中应标明主要教育特征，包括教育大纲的形式、水平或方向（某一水平、形式或方向教育大纲的一部分），教育形式和教育大纲实施期限（教育时长）等。

3. 招生录取时，在与依靠自然人或法人提供资金支持接受教育的学生签订教育合同（以下简称：有偿教育服务合同）时，应标明有偿教育服务的全部金额和付款程序。合同签订后，除非下一财年和计划期间联邦预算预估的通货膨胀水平导致的上述服务价格上涨，否则不允许提高有偿教育服务的价格。

4. 有偿教育服务合同中关于提供有偿教育服务的信息，应与合同签订当日上传至教育组织官网的信息相符。

5. 教育组织有权根据有偿教育服务合同的规定，使用其私有资

金（包括活动收入、慈善捐款、自然人或法人的专项用款等）降低
有偿教育服务的价格。降低有偿教育服务价格的依据和程序由教育组
织的内部条例规定，并须告知学生。

6. 教育合同不允许包含限制学生接受某一水平或方向教育的权
利、限制其提交入学申请（以下简称：申请人）或者降低教育法规
规定的教育保障水平的内容条款。如果合同中包含限制申请人和学生
权利，或者降低教育保障水平的条件，此类条件不应被采用。

7. 除本联邦法律第六十一条规定的教育组织终止教育关系的依
据外，逾期未付款购买有偿教育服务，或因学生的行为（不配合）
使有偿教育服务无法正常实施的，教育组织可以单方面解除有偿教育
服务合同。

8. 有偿教育服务合同中应标明教育组织单方面解除有偿教育服
务的理由和依据。

9. 提供有偿教育服务的规则由俄罗斯联邦政府确定。

10. 示范性教育合同由制定国家教育政策和法规的联邦权力执行
机关确定。

**第五十五条　教育机构招生的一般要求**

1. 教育机构招生时，应遵循平等原则对待所有入学申请人，但
根据本联邦法律招生时享有特殊权利（优势）的人员除外。

2. 教育机构有责任使入学申请人或其家长（法定监护人）了解
组织的章程、教育活动许可、国家认证证书、教育大纲，以及规范教
育活动组织与实施的其他文件，了解学生的权利和义务。在竞赛基础
上进行的招生，还需提供竞赛举办信息及最终结果。

3. 如果本联邦法律无其他规定，联邦预算、联邦主体预算和地
方预算拨款支持的普通教育大纲和中等职业教育大纲的招生面向所有
人。健康状况受限的儿童只有经父母同意，并根据心理－医疗－教育

委员会的建议，才能被录取学习适应性普通教育大纲。

4. 如果本联邦法律无其他规定，联邦预算、联邦主体预算和地方预算拨款支持的高等教育大纲的招生应在竞争的基础上进行。

5. 补充教育和有偿教育（自然人或法人付费的教育）的招生条件由教育组织根据俄罗斯联邦法律在组织的内部条例中规定。

6. 职业教育大纲的招生条件应保证具有相应教育水平的入学申请人的受教育权和录取情况，保证最有能力和潜力的人员学习相应程度和方向的教育大纲。

7. 在参加俄罗斯联邦政府批准的职业教育大纲各专业、培养方向和目录的招生时，入学申请人需按照各职业或专业签订的劳动合同或服务合同中确定的程序进行预先体检。

8. 如果本联邦法律无其他规定，各教育水平的招生程序（包括招收外国公民和无国籍人员的程序、可以同时申请就读学士学位和专家学位的高等教育组织的数量限制、学校有权参加竞赛的专业和方向数量）、各程度职业教育大纲招生的入学考试目录、健康状况受限人员入学考试实施的特殊性、高等教育招生的复试人员确定和附加测试目录等，均由制定国家教育政策和法规的联邦权力执行机关予以确定。（2016 年 3 月 7 日第 306 号联邦法律中，新增"且在当年九月一日招生工作结束后，上述组织学士学位大纲和专家学位大纲的招生情况不可更改"。）

9. 教育机构的招生制度，除一定程度上受教育法规调整外，可由教育机构独立调整和制定。

【10. 俄罗斯联邦总统和俄罗斯联邦政府批准的纲要和项目框架内的教育大纲的招生，根据教育法规的规定执行，同时应考虑到上述纲要和项目的具体情况（2013 年 7 月 2 日第 170 号联邦法律新增）。】

第五十六条　定向招生与定向招生合同和定向培养合同

1. 高等教育组织有权在本联邦法律第一百条规定的招生控制数

量范围内实施定向招生，其费用由联邦预算、联邦主体预算和地方预算拨款支持。

2. 高等教育组织中，由联邦预算、联邦主体预算和地方预算拨款支持的招生控制数量中，各教育水平、专业和培养方向每年的定向招生名额由高等教育组织的创立者确定。

3. 定向招生在招生控制数量范围内、签订定向招生合同的基础上进行。定向招生合同由教育机构与和公民签订了定向培养合同的联邦国家权力机关、联邦主体国家权力机关、地方自治机关、国立（市立）机构、单一制企业、国有集团、国有公司或含有中央联邦、联邦主体和市立教育资本成分的经济公司等签订。

4. 与本条第 3 款中的机关或机构签订定向培养合同的公民，以及符合本联邦法律第五十五条第 8 款规定的招生程序、通过竞争获得定向招生名额的公民，有权依据定向招生条件获得高等教育。

5. 定向招生合同的实施条件包括：

（1）教育机构有责任安排签订定向培养合同的公民参加定向招生；

（2）本条第 3 款中的机关或机构有责任组织签订定向培养合同的公民进行教学和生产实践。

6. 定向培养合同的实施条件包括：

（1）本条第 3 款中的机关或机构在学生受教育期间，向已签订定向培养合同的公民提供的社会支持措施［包括物质激励措施、支付有偿教育服务、受教育期间提供住宿并（或）支付住宿费以及其他社会支持措施］；

（2）本条第 3 款中的机关或机构需承担的责任，公民在教学、生产和毕业实习活动中应履行的义务，以及定向培养合同中就业岗位要求的职业技能；

（3）公民解除定向就业义务的依据。

7. 除定向培养合同规定情形外，未履行定向就业义务的公民须向本条第 3 款中的机关或机构就其提供社会支持产生的支出进行全额赔偿，并缴纳相当于上述赔偿两倍的罚款。第 3 款中的机关或机构如果未履行定向就业安置义务，应向公民支付相当于上述赔偿两倍的赔偿款。

8. 定向招生合同和定向培养合同的签订、解除及其示范文本由俄罗斯联邦政府确定。

9. 联邦国家机关、联邦主体国家权力机关和地方自治机关和其他机构有权不以定向招生为条件，与学生签订中等职业教育大纲和高等教育大纲定向培养合同。

10. 与联邦国家机关、联邦主体国家权力机关或地方自治机关签订定向培养合同的公民，完成定向教育后，应按照俄罗斯联邦法律和市政服务法规规定的程序履行国家或市政服务义务。

**第五十七条 教育关系的变更**

1. 当学生接受基础教育或补充教育的条件发生改变时，教育关系即发生变更，同时引起学生和教育机构间权利和义务的改变。

2. 学生［未成年学生家长（法定监护人）］主动提出书面申请，或教育机构提议变更时，教育关系可以变更。

3. 教育机构的领导者或其授权人员公布的管理细则是教育关系变更的基础。如果教育机构与学生［未成年学生家长（法定监护人）］签订了教育合同，管理细则应在合同中包含相应变更内容的基础上公布。

4. 教育法规和教育机构内部条例规定的学生权利和义务，自组织内管理细则公布之日或细则中另行规定的日期起变更。

**第五十八条 学生的阶段性测试**

1. 教育大纲的掌握（学前教育大纲除外），包括教学科目（课程）的部分或全部内容，均应伴随对学生的阶段性测试，且按教学计划规定的形式和教育组织规定的程序进行。

2. 阶段性测试结果不及格或无正当理由未参加阶段性测试的一门或几门教学科目（课程）将被视为补考科目（课程）。

3. 学生有义务通过补考科目（课程）。

4. 在家接受普通教育的学生，教育机构和未成年学生家长（法定监护人）保障其受教育权的同时，还应为其补考科目（课程）提供条件，并监督补考的及时性。

5. 学生自确定需要补考之日起一年内，有权在教育组织规定的期限内参加不多于两次的相应科目（课程）阶段性测试。上述规定期限不包括学生休学、病假和孕产假在内。

6. 第二次进行阶段性测试的，教育组织应成立委员会实施测试。

7. 禁止向学生收取阶段性测试费用。

8. 因正当理由未参加阶段性测试或有补考科目（课程）的学生，将被转入下一个课程或下一年级。

9. 在教育组织中接受初等、基础和中等普通教育的学生，如果在规定期限内未通过补考，按照其家长（法定监护人）的处理决定，学生将接受再教育，或者根据心理－医疗－教学委员会的建议接受适应性教育，按个人教学计划学习。

10. 在家接受初等、基础和中等普通教育的学生，如果在规定期限内未通过补考，将继续在教育组织中接受教育。

11. 接受职业教育的学生如果未在规定期限内通过补考，其将因未认真履行教育大纲规定的义务和未完成学习计划而被开除。


**第五十九条　结业考试**

1. 结业考试是评价学生对教育大纲掌握程度的一种方式。

2. 结业考试是在对学生培养质量进行客观、独立评估的原则基础上实施的。

3. 如果本联邦法律无其他规定，接受基础普通教育、中等普通教育和基础职业教育的学生必须参加结业考试，此类结业考试的实施程序和形式由教育组织确定。

4. 完成经国家认证的基础教育大纲学习后参加的结业考试，是国家结业考试。国家结业考试由国家考试委员会组织举办，旨在确认学生对基础教育大纲的掌握情况是否与联邦国家教育标准或教育组织教育标准中的相关要求一致。

5. 如果本联邦法律无其他规定，不同教育水平和形式（包括使用的教学和德育手段、进行国家结业考试的通信手段、对考试人员的要求，以及对国家结业考试成绩的申诉、变更或取消的提交和审核程序等）的国家结业考试实施的程序和方式，由制定国家教育政策和法规的联邦权力执行机关确定。

6. 如果国家结业考试实施办法无其他规定，禁止有补考科目（课程）或未完成（个人）学习计划的学生参加国家结业考试。

7. 未参加过国家结业考试或考试结果不合格的学生，有权在国家结业考试实施办法规定的期限内参加考试。

8. 禁止向学生收取国家结业考试费用。

9. 为实施基础普通教育和中等普通教育国家结业考试，由以下机关成立国家考试委员会：

（1）在俄罗斯联邦主体境内举办的国家结业考试，由俄罗斯联邦主体权力机关的授权机关组织实施；

（2）在俄罗斯联邦境外举办的国家结业考试，由行使联邦教育检查（监督）职能的联邦权利执行机关组织实施。

10. 为进行中等职业教育和高等教育国家结业考试，需根据相应教育大纲和国家结业考试实施办法的要求组建国家考试委员会。

11. 如果相应教育大纲对应的国家结业考试实施办法无其他规

定，国家结业考试采用标准化综合试题作为测试材料。被用于国家结业考试的测试材料中包含的信息属于限制信息。测试材料的编制、使用和保存等程序（包括对测试材料安保机制和程序的要求，对可以上传至互联网的测试信息的条件要求）由行使教育检查（监督）职能的联邦权力执行机关确定。

12. 以下机关确保国家结业考试顺利实施：

（1）在俄罗斯联邦主体境内进行基础普通教育和中等普通教育国家结业考试时，由负责教育管理的俄罗斯联邦主体权力执行机关提供保障。

（2）在俄罗斯联邦境外实施经国家认证的基础和中等普通教育大纲的教育组织，以及俄罗斯联邦外交部驻外机构的附属教育组织中举行基础和中等普通教育国家结业考试时，由行使教育检查（监督）职能的联邦权力执行机关和教育组织创立者共同提供保障。

（3）教育机构保障职业教育大纲的国家结业考试顺利进行。职业教育大纲对相应结业考试另有规定的除外。

13. 中等普通教育国家结业考试一般以国家统一考试形式（以下简称：国家统一考试）进行，同时也可以其他方式组织实施：

（1）对于在封闭式教育组织和处罚机构中接受中等普通教育的学生，或在中等职业教育大纲范围内接受中等普通教育的学生（包括接受中等职业教育、基础和中等普通教育一体化教育），或接受中等普通教育的健康状况受限学生或残疾学生，由制定国家教育政策和法规的联邦权力执行机关确定其国家结业考试形式；

（2）对于将本民族语言作为母语，并用其学习民族语言和文化、参加国家结业考试、接受基础普通教育和中等普通教育的学生，由负责教育管理的俄罗斯联邦主体权力执行机关制定相应国家结业考试的实施程序并组织实施。

14. 行使教育检查（监督）职能的联邦权力执行机关负责为基础

普通教育和中等普通教育国家结业考试提供教学法保障，组织考试所用测试材料和学生答卷评判标准的编制工作，保障国家考试委员会测试材料的供应，组织基础普通教育和中等普通教育国家结业考试集中阅卷，划定国家统一考试的最低分数。

15. 为保障基础普通教育和中等普通教育国家结业考试实施办法顺利施行，按照制定国家教育政策和法规的联邦权力执行机关规定的程序，可委派公民作为社会观察员参与国家结业考试的实施，社会观察员可向负责教育管理的俄罗斯联邦主体权力执行机关和地方自治机关提交有关违反国家结业考试实施办法的行为的信息。社会观察员由以下机构委派：

（1）在俄罗斯联邦主体境内举办基础普通教育和中等普通教育国家结业考试时，由负责教育管理的俄罗斯联邦主体权力执行机关委派；

（2）在俄罗斯联邦境外实施经国家认证的基础和中等普通教育大纲的教育组织，以及俄罗斯联邦外交部驻外机构附属的教育组织中举办基础普通教育大纲和中等普通教育大纲的国家结业考试时，由上述组织的创立者委派。

16. 企业主代表或其联合会应被邀请参与职业教育国家结业考试的实施。

17. 学习职业教育大纲的学生在结业考试结束后，可申请在学习相应基础教育大纲期间休假，假期结束后未达到相应教育要求的学生将被开除。

第六十条　教育或职业资格证书和培训证书

1. 在俄罗斯联邦发放：

（1）教育或职业资格证书，包括教育证书、教育和职业资格证书、职业资格证书；

（2）培训证书，包括培训证明、艺术领域补充职业教育培训证书，以及符合本条法律规定的教育机构发放的其他证书。

2. 如果本联邦法律和《俄罗斯联邦语言法》（1991 年 12 月 25 日第 1807 – 1 号联邦法律）无其他规定，教育或职业资格证书使用俄语印刷，并加盖教育机构的公章。依据教育机构规定的程序，上述证书也可使用外语印刷。

3. 成功通过结业考试的人员，由教育机构向其发放教育或职业资格证书，其样式由上述组织自行决定。

4. 如果本联邦法律无其他规定，成功通过国家结业考试的人员将获发教育证书、教育和职业资格证书。上述证书及其附件（临床住院医生和助教 – 进修生的毕业证书除外）的样式和描述、证书和副本的填写、审核和发放程序等，均由制定国家教育政策和法规的联邦权力执行机关确定。临床住院医生毕业证书的样式和描述，毕业证书和副本的填写、审核和发放程序等，由制定国家卫生保健政策和法规的联邦权力执行机关确定。助教 – 进修生毕业证书的样式和描述，毕业证书和副本的填写、审核和发放程序等，由制定国家文化政策和法规的联邦权力执行机关确定。

5. 根据教育组织管理委员会和《关于莫斯科国立罗蒙诺索夫大学和圣彼得堡国立大学的联邦法律》（2009 年 11 月 10 日第 259 号联邦法律）的决定，成功通过国家结业考试的人员，由教育组织向其发放教育证书和职业资格证书，其样式由教育组织自行决定。

6. 向成功通过普通教育国家结业考试的人员颁发教育证书，以证明其达到以下教育水平：

（1）基础普通教育（由基础普通教育毕业证书确认）；

（2）中等普通教育（由中等普通教育毕业证书确认）。

7. 向成功通过职业教育国家结业考试的人员颁发的教育和职业资格证书，证明其达到以下职业教育水平以及不同专业和培养方向的职业技能水平：

（1）中等职业教育（由中等职业教育毕业证书确认）；

（2）高等教育——学士学位（由学士毕业证书确认）；

（3）高等教育——专家学位（由专家毕业证书确认）；

（4）高等教育——硕士学位（由硕士毕业证书确认）。

（5）高等教育——培养在研究生院掌握科学和教育培养大纲〔包括研究生院（研究机构）科教人员培养大纲、临床住院医生培养大纲和助教－进修生培养大纲〕的高水平人才〔由相应研究生院（研究机构）科教人员、临床住院医生和助教－进修生毕业证书确认〕。

8. 教育证书和职业资格证书发放给成功通过相应国家结业考试的人员，且其上标明职业教育水平和职业技能水平。如果联邦法律无其他规定，该证书的持有者有权从事某一具体职业活动，担任对职业教育水平或职业技能水平有强制要求（由俄罗斯联邦法律规定）的职务。

9. 在研究生院学习科教人员培养大纲并按照俄罗斯联邦法律规定程序参加科学副博士学位论文答辩的人员，根据其专业授予其相应的科学副博士学位，颁发科学副博士学位证书。

10. 职业资格证书可以：

（1）依据补充职业教育的结果，证明职业技能的提高或掌握情况（由职业技能提升证明或职业进修证书确认）；

（2）依据职业培训的结果，证明工人和职员的专业技术等级和类别（由工人和职员岗位资格证书确认）。

11. 如果俄罗斯联邦法律无其他规定，职业资格证书上标注的资格鉴定使证书持有者有权从事某一特定职业活动，或完成对职业技能有强制要求的劳动任务，为完成此劳动任务，需按照俄罗斯联邦法律规定的程序对补充职业教育或职业培训后的职业技能掌握程度提出要求。

12. 未通过结业考试或结业考试结果不理想的人员，以及掌握教育大纲部分内容或被教育机构开除的人员，将获得该组织颁发的学习证明或学习期限证明，其样式由上述组织自行确定。

13. 没有接受基础普通教育和中等普通教育的健康状况受限（存在智力缺陷）人员，以及接受适应性基础普通教育的人员，将获得学习证明，其样式和发放程序由制定国家教育政策和法规的联邦权力执行机关确定。

14. 已掌握艺术领域职业前补充教育大纲且成功通过结业考试的人员，将获得上述相应大纲的掌握情况证明，其样式和发放程序由制定国家文化领域政策和法规的联邦权力执行机关确定。

15. 教育机构有权向已完成教育大纲（对是否进行结业考试没有规定）的人员发放学习证明，其样式和发放程序由上述组织自行确定。

16. 发放教育或职业资格证书、培训证书及上述证书副本时不得收取任何费用。


第六十一条　教育关系的终止

1. 将学生从教育机构开除而终止的教育关系：

（1）应与接受教育（培训）本身有关；

（2）根据本条第 2 款规定的理由可以提前结束。

2. 教育关系在以下情形下可以提前终止：

（1）由学生或未成年学生家长（法定监护人）发起，包括学生为继续接受教育转学至另一教育机构的情况；

（2）由教育机构发起，包括开除受纪律处罚的年满 15 岁的学生，未按照职业教育大纲的要求完成职业教育学习和学习计划的学生，以及破坏教育组织招生程序、非法注册入学的学生；

（3）不由学生、未成年学生家长（法定监护人）和教育机构的意愿决定的情况，包括教育机构被撤销等。

3. 学生或未成年学生家长（法定监护人）发起的教育关系提前终止时，其无须向教育机构承担额外的义务，包括物质方面。

4. 教育机构将有关开除学生的管理条例作为终止教育关系的依据。如果和学生或未成年学生家长（法定监护人）签订了有偿教育服务合同，在提前终止教育关系时，应在有关开除学生的管理条例的基础上解除合同。教育法规和教育机构的内部条例中对学生义务和责任的规定，自学生被开除出该组织之日起失效。

5. 教育机构在公布开除学生的处理文件后三日之内，应依据本联邦法律第六十条第 12 款的规定，向学生发放学习证明。

**第六十二条　在教育机构中恢复教育关系**

1. 被开除的学生，在完成职业教育大纲教育前，有权在被开除五年时间内，在之前就读的教育组织有空余学额且保留原有教育条件的基础上，在不高于被开除时所在的年级（学期）恢复教育关系。

2. 被教育机构开除的学生恢复教育关系的程序和条件，由该组织在内部条例中规定。

# 第七章　普通教育

**第六十三条　普通教育**

1. 学前、初等、基础和中等普通教育具有连贯性。

2. 普通教育可以在教育机构中获得，也可在教育机构外，以家庭教育的形式获得。中等普通教育可以通过自我教育的形式获得。

3. 如果孤儿和无父母照管的弃儿无法在普通教育组织中接受初等、基础和中等普通教育，可在对其进行养育、治疗、保健的组织或社会服务机构中接受上述教育。

4. 学生接受普通教育的形式由未成年学生家长（法定监护人）决定。在未成年学生家长（法定监护人）选择学生的普通教育形式时，应考虑到孩子的意愿。

5. 市、区地方自治机关有权统计、核准自己辖区内有权接受各水平普通教育的儿童，以及未成年学生家长（法定监护人）决定的儿童受教育方式。未成年学生家长（法定监护人）在为子女选择以家庭教育的方式接受普通教育时，应将这一信息上报辖区的市、区地方自治机关。

**第六十四条　学前教育**

1. 学前教育旨在使儿童形成共同的公民文化，发展儿童的身体、智力、道德、审美和个人素质，为其后续的学习活动创造条件。

2. 在针对学前儿童采取独特的活动形式和德育观念的基础上，学前教育大纲结合学前儿童年龄和个体特点关注其多方面发展，包括使儿童达到顺利掌握初等普通教育大纲所必需的足够的知识水平。实施学前教育大纲过程中不伴随阶段性测试和结业考试。

3. 以家庭教育的形式对子女进行学前教育的未成年学生家长（法定监护人），有权免费获得教学法、教育心理学、教学诊断和咨询援助，包括从设有专门咨询中心的学前教育组织和普通教育组织中获得帮助。上述各种援助由俄罗斯联邦主体国家权力机关负责保障。

**第六十五条　家长（法定监护人）向学前教育组织交纳儿童的照顾和看管费用**

1. 学前教育组织照顾并看管儿童。其他学前教育组织也有权照顾并看管儿童。

2. 学前教育组织的创立者有权规定向家长（法定监护人）收取

因照顾和看管儿童产生的费用（以下简称：学前教育费用）支出项目和金额，本联邦法律另有规定除外。创立者有权降低学前教育费用的金额，并规定某些特殊情形或条件下不向某些类别的家长（法定监护人）收费。

3. 国立和市立学前教育组织不应向残疾儿童、孤儿、无父母照管的弃儿和结核病毒携带儿童的父母收取学前教育费用。

4. 国立和市立学前教育组织禁止将学前教育大纲实施经费和不动产用作学前教育费用。

5. 学前教育组织向儿童家长（法定监护人）提供物质补助以支持儿童的教学和德育，补助金额由俄罗斯联邦主体的规范性法律文件规定。俄罗斯联邦主体应向家中第一个在其境内学前教育组织中学习的孩子发放不少于家长（法定监护人）所缴学前教育费用20%的补助，应向家中第二个孩子发放不少于家长（法定监护人）所缴学前教育费用50%的补助，应向家中第三个及以后的孩子发放不少于家长（法定监护人）所缴学前教育费用70%的补助。父母向国立和市立学前教育组织所缴学前教育费用的平均金额，由俄罗斯联邦主体国家权力机关规定。向教育机构支付学前教育费用的家长（法定监护人）中的一人有权获得补助。

6. 本条第5款所提及补助的申请和发放程序，由俄罗斯联邦主体国家权力机关确定。

7. 本条第5款中与补助发放有关的财政保障是俄罗斯联邦主体的财政支出义务。


第六十六条　初等、基础和中等普通教育

1. 初等普通教育旨在形成学生的个性，在教学活动中发展其个人能力，激发其学习积极性，使其具备一定的学习能力（掌握读、写、算数等基本技能和基本思维方法，能够进行简单的自我监督，具备基本的行为和语言修养，养成个人卫生习惯和健康的生活方式）。

2. 基础普通教育旨在形成学生的个性（形成道德信念、审美能力和健康的生活方式，具备人际交往能力，掌握基本科学原理和俄罗斯联邦国家语言，学会脑力和体力劳动技巧，培养兴趣爱好，初步明确将来的职业方向）。

3. 中等普通教育旨在在对教学内容进行个性化和职业导向教学的基础上，进一步形成学生个性，培养其学习兴趣、创造能力和独立学习技巧，使其适应社会生活，自主选择继续学习还是开始职业活动。

4. 在初等、基础和中等普通教育大纲内容差异的基础上组织的教育活动，应考虑到学生的学习需求和兴趣，以此保证相应大纲教学科目的深入教学（有专业侧重的教学）。

5. 初等、基础和中等普通教育均为强制性教育水平。没有接受初等或基础普通教育的学生，禁止进入普通教育的下一阶段学习。中等普通教育的强制性在学生年满十八岁前均具有效力。

6. 经未成年学生家长（法定监护人）、未成年人事务和权利保护委员会以及地方教育管理机关同意后，年满十五岁的学生在完成基础普通教育前可离开普通教育组织。学生离开教育组织之日起一个月内，上述家长、委员会和教育管理机关应采取措施，帮助学生以其他方式继续完成未成年人基础教育，在学生同意后也可帮助其安置工作。

7. 实施初等、基础和中等普通教育大纲的教育组织应为学生在校寄宿、照管长日制班级学生提供条件。

8. 如果本联邦法律无其他规定，学生在寄宿学校中学习、生活所需的费用支出项目（包括衣服、鞋子、洗漱用品、个人卫生用品、文具、玩具、桌椅、膳食以及上述用品的日常维护，长日制学生的照管等）和金额由教育组织创立者确定，并由其向未成年学生家长

（法定监护人）收取。创立者有权降低上述费用金额，并规定某些特殊情形或条件下不向某些类别的家长（法定监护人）收取上述费用。

9. 实施初等、基础和中等教育大纲的国立和市立教育组织禁止将教育大纲实施经费和不动产用于学生宿舍的管理和长日制学生的照管。

10. 需接受长期治疗的学生和因健康状况无法在教育组织中学习的残疾儿童，可在家或医疗机构接受初等、基础和中等普通教育。

11. 国立和市立教育组织与在家或医疗机构接受初等、基础和中等普通教育的学生及其家长（法定监护人）建立教育关系的程序，由俄罗斯联邦主体国家权力机关的授权机关确定。

12. 对于需要在特定教育条件下，对其采取特殊教学方法进行初等、基础和中等普通教育的存在行为偏差（社会危害）的学生，俄罗斯联邦国家权力授权机关或俄罗斯联邦主体权力授权机关应为其创立专门的开放式或封闭式教育组织。向该机构派送未成年公民的程序和条件由 1999 年 6 月 24 日第 120 号联邦法律《预防未成年人犯罪法》规定。

**第六十七条　普通教育大纲的招生**

1. 儿童在教育组织中开始接受学前教育的月龄是两个月，开始接受初等普通教育的年龄是六岁半（身体无疾病的条件下），不能晚于八岁。教育组织创立者根据儿童家长（法定监护人）的申请，在儿童早于或晚于规定年龄的情况下，有权决定是否接收其进入教育组织接受初等普通教育。

2. 如果本联邦法律无其他规定，普通教育大纲的招生规则应保证所有享有受教育权利的公民入学接受适当水平的普通教育。

3. 国立和市立教育组织的普通教育大纲招生规则应保障居住在教育组织所在地区外，但享有受教育权利的公民入学接受普通教育。

4. 除本条第 5 款、第 6 款和本联邦法律第八十八条规定情形和招生名额不足的情况外，国立和市立教育组织不得以其他理由拒绝公民入学。在国立和市立教育组织招生名额不足的情形下，学生家长（法定监护人）可直接向负责教育管理的俄罗斯联邦主体权力执行机关或地方自治机关提交申请，将其子女安置到另一教育组织。

5. 根据俄罗斯联邦主体法规规定的情形和程序，教育组织可以进行自主招生选拔或向国立和市立教育组织输送学生，学生接受基础和中等普通教育的同时，深入学习某些学科或进行有专业侧重的学习。

6. 可以在评估学生体育（无相关运动项目禁忌病）或艺术能力的基础上组织竞赛或个体选拔，以使公民在实施基础和中等普通教育大纲的教育组织中同时接受职业前补充体育教育或中等职业艺术教育。

# 第八章　职业教育

### 第六十八条　中等职业教育

1. 中等职业教育旨在培养个人的智力、文化和职业能力，使其成为社会各行业生产活动所需的熟练职工、中级专家，以满足社会和国家发展需要，以及个人对教育水平提升的需求。

2. 如果本联邦法律无其他规定，具有不低于基础或中等普通教育水平的人员可以接受中等职业教育。

3. 在基础普通教育的基础上接受中等职业教育的人员，可以在相应中等职业教育大纲的范围内，同时接受中等普通教育。此情形下的中等职业教育大纲，在国家中等普通教育标准和国家中等职业教育标准的基础上制定而成，并应考虑到相应职业或专业的特殊性。

4. 如果本条法律无其他规定，每个公民均可参加由俄罗斯联邦预算、联邦主体预算和地方预算拨款支持的中等职业教育的招生。在招收对创造能力、身体素质或心理素质有具体要求的职业和专业学生时，应按照本联邦法律规定的程序对报名者进行入学测试。当报名人数超过上述财政拨款支持的学生人数时，教育机构应参考报名者提交的教育证书或教育和职业资格证书上的基础或中等普通教育的成绩。

5. 具有中等职业教育证书的工人或职员，当第一次学习中级专家培训大纲时，不应被视为重复接受中等职业教育或中等职业再教育。

6. 未接受过中等普通教育的中等职业教育学生，在完成中等普通教育大纲学习并获得中等普通教育毕业证书后，有权免费参加中等普通教育国家结业考试。

**第六十九条　高等教育**

1. 高等教育旨在培养符合社会和国家各行业发展要求的高技能水平人员，满足个人智力、文化和道德发展的需要，个人对提升教育水平和科教能力的需求。

2. 接受学士教育或专家培养的人员应具有中等普通教育水平。

3. 接受硕士教育的人员应具有高等教育阶段的任一教育水平。

4. 学习研究生院（研究机构）科教人员培养大纲、临床住院医生培养大纲和助教－进修生培养大纲的人员，教育水平应不低于高等教育水平（专家或硕士）。接受临床住院医生培养的人员应接受过高等医学教育或高等药学教育。接受助教－进修生培养的人员应接受过艺术领域的高等教育。

5. 如果本联邦法律无其他规定，高等教育阶段各教育水平人员〔学士、专家、硕士、研究生院（研究机构）科教人员、临床住院医生和助教－进修生〕的招生均在竞争的基础上独立进行。

6. 硕士、研究生院（研究机构）科教人员、临床住院医生和助教－进修生的招生，以教育组织独立实施的入学考试成绩为录取依据。

7. 高等教育组织的入学申请人有权向教育组织提交能证明个人成就的相关材料。教育组织在招生录取时，应按照本联邦法律第五十五条第 8 款规定的相应程序将上述材料作为招生录取的考量因素。

8. 联邦预算、联邦主体预算和地方预算拨款支持的以下高等教育大纲的学习，被视为接受第二次高等教育或继续高等教育：

（1）具有学士、专家或硕士毕业证书的人员接受学士学位大纲或专家培养大纲教育；

（2）具有专家或硕士毕业证书的人员接受硕士学位大纲教育；

（3）具有临床住院医生毕业证书或助教－进修生毕业证书的人员接受临床住院医生培养或助教－进修生培养；

（4）具有研究生院（研究机构）科教人员毕业证书或科学副博士毕业证书的人员接受科教人员培养大纲教育。

**第七十条** 依据学士学位大纲和专家培养大纲招生的一般要求

1. 依据学士学位大纲和专家培养大纲招生的依据国家统一考试的结果进行。本联邦法律另有规定除外。

2. 对于依据学士学位大纲和专家培养大纲招生而言，国家统一考试的结果自获得之日起四年内有效。

3. 高等教育组织进行某些专业或培养方向（包括定向招生）招生时，如果组织创立者没有规定某些学科在国家统一考试中的最低分数，则由高等教育组织自行规定。

4. 本条第 3 款中的最低分数，不应低于行使教育检查（监督）职能的联邦权力执行机关规定的接受学士和专家教育的国家统一考试分数。

5. 外国公民有权在参加高等教育组织举行的入学考试后，凭借考试结果进入该高等教育组织接受学士和专家教育。

6. 具有中等职业教育水平或高等教育水平的人员可参加高等教育组织举行的学士和专家教育的招生入学考试，考试形式和清单由高等教育组织自行规定。

7. 依据学士学位大纲和专家培养大纲招生时，某些专业或培养方向对申请人的创作能力、身体素质或心理素质有具体要求，如果国家统一考试未对此进行测试，教育组织可举行创作或培养方向的附加入学测试，其结果与国家统一考试成绩应一同作为招生录取依据。在依据联邦国家预算、俄罗斯联邦主体预算和地方预算拨款支持的学士学位大纲和专家培养大纲招生时，可以举行创作或有职业倾向的相关科目的附加入学测试，但相应专业或培养方向的目录应按俄罗斯联邦政府规定的程序确定。

8. 高等教育组织在依据学士学位大纲和专家培养大纲招生时，有权就某些有培养侧重的科目举行附加入学测试。入选需举行附加入学测试的高等教育组织清单、专业或培养方向清单在上述高等教育组织提案的基础上形成。举行附加入学测试的高等教育组织以及专业或培养方向的遴选方法、程序和清单，由俄罗斯联邦政府规定。

9. 莫斯科国立罗蒙诺夫大学和圣彼得堡国立大学依据学士学位大纲和专家培养大纲招生时，有权自主确定需举行入学测试的专业或培养方向。

10. 联邦国立高等教育组织在进行国家公务、公民信息（属于国家安全）等相关专业或培养方向的招生时，附加入学测试的科目清单和申请条件由联邦权力执行机关规定，与组织创立者无关。

**第七十一条 依据学士学位大纲和专家培养大纲招生时的特殊权利**

1. 在依据经国家认证的学士学位大纲和专家培养大纲招生时，

公民可以享有以下特殊权利：

（1）无须参加入学考试直接就读；

（2）成功通过入学考试后，在规定限额内入学；

（3）成功通过入学考试或在其他同等条件下，优先申请入学；

（4）依靠联邦预算拨款进入联邦国立高等教育组织就读预科；

（5）本条法律规定的其他特殊权利。

2. 如果本联邦法律无其他规定，在依据学士学位大纲和专家培养大纲招生时，享有特殊权利的公民清单、授予特殊权利的程序和依据，均由本条法律规定。在经军事教育大纲或涉及国家机密的教育大纲招生时，俄罗斯联邦政府权力机关的授权机关规定可享有特殊权利的公民，享有本条法律第1款第3项、第4项中规定的特殊权利。

3. 依靠联邦预算、联邦主体预算和地方预算拨款支持接受教育的公民，享有本条法律第1款第1项、第2项中的特殊权利，可以向实施经国家认证的高等教育大纲的组织提交入学申请。每个公民享有一次在联邦国立高等教育组织就读预科的权利。

4. 以下公民享有本条法律第1款第1项规定的特殊权利：

（1）全俄中学生奥林匹克竞赛最终优胜者和获奖者；参加国际奥林匹克各学科竞赛的国家队队员。国家队按照制定国家教育政策和法规的联邦权力执行机关规定的程序设立，根据全俄中学生奥林匹克竞赛或国际奥林匹克竞赛的侧重项目，发挥国家教育政策和法规确定相应培养方向（专业）人才教育侧重的功能。教育组织负责协调侧重科目培养与上述奥林匹克竞赛专业和培养方向的一致性。

（2）奥林匹克运动会、世界特殊奥林匹克运动会和聋人奥林匹克运动会的冠军和获奖者；世界冠军、欧洲冠军，以及获得各奥林匹克运动会参赛资格的世界或欧洲体育冠军赛的第一名。

5. 残疾儿童、Ⅰ级和Ⅱ级残疾人士、服兵役期间因伤（病）致残人员，经联邦社会医疗鉴定机构鉴定其情况不妨碍其在教育组织中接受教育的，有权在联邦预算、联邦主体预算和地方预算拨款支持的招生名额范围内接受学士学位大纲和专家培养大纲教育。

6. 依靠联邦预算、联邦主体预算和地方预算拨款支持的学士学位大纲和专家培养大纲的招生名额，每年由教育组织按照当年分配给其的名额确定，且人数不应少于当年上述预算拨款支持的拟招生总人数的 10% 。

7. 以下公民享有依靠联邦预算拨款就读联邦国立高等教育组织预科部的权利：

（1）孤儿、无父母照管的弃儿；

（2）根据联邦社会医疗鉴定机构的鉴定结果，不妨碍其在相应教育组织中学习的残疾儿童、Ⅰ级和Ⅱ级残疾人士；

（3）家中单亲且单亲为Ⅰ级残疾，同时家庭人均收入低于居住地规定的最低生活标准的二十岁以下公民；

（4）受到切尔诺贝利核泄漏事故辐射及其扩散影响的公民；

（5）在军事任务中死亡或因军伤（病）去世的军人（包括参与反恐作战或打击恐怖势力的行动）子女；

（6）已逝苏联英雄、俄罗斯联邦英雄和荣誉勋章获得者的子女；

（7）国家内务部门、刑事执法机关、国家消防部门、麻醉药品和精神药物流通监管部门以及海关部门中因公伤（病）去世的工作人员的子女；

（8）因公伤（病）去世的检察机关工作人员的子女；

（9）签订兵役合同且按照合同要求服役期限不少于三年的军人，以及在联邦法律规定的需要服兵役的联邦权力执行机关中，按照此类机关规定的程序服满兵役、获得军队长官入学推荐的公民；

（10）在俄罗斯武装力量、军队和军事组织任职、服役不少于三年的公民，以及俄罗斯联邦《兵役法》（1998 年 3 月 28 日）第五十一条第 1 款第 6～г 项、第 2 款第 а 项、第 3 款第 а～в 项规定的退伍军人；

（11）残疾军人、军事活动参与者、《老兵法》（1995 年 1 月 12 日）第三条第 1 款第 1~4 项规定的老兵；

（12）直接参与或学习操作核武器试验、军用放射性物质对天投放、核武器掩埋的公民，直接参与清理舰艇及其他军事设施中放射性物质的人员，直接参与放射性物质收集和封存工作、清理事故后果的人员（俄罗斯武装力量雇佣的军人和其他人员、内务部部队军人、在铁路军队和其他军事组织服务的人员、内务机关和消防部门的职员）；

（13）参与解决车臣及其相邻地区武装冲突、北高加索反恐作战的内务部部队军人，以及国家内务机关、刑事系统和消防部门的职员。

8. 本条第 7 款中涉及的人员在具有本联邦法第五十五条第 8 款规定的相应中等普通教育学历的前提下，可进入联邦国立高等教育组织预科部学习。如果这些人员是首次就读预科部，可依靠国家预算拨款接受预科教育。就读预科部的人员的选拔程序和符合程序要求的联邦国立高等教育组织的清单，均由制定国家教育政策和法规的联邦权力执行机关确定。上述人员在预科部接受面授教育，并由国家提供奖学金。

9. 成功通过入学考试和其他同等条件下，本条第 7 款中涉及的人员可优先被高等教育组织录取接受本科和专家培养大纲教育。

10. 成功通过入学考试和其他同等条件下，联邦机关管辖下实施普通教育大纲和职业教育大纲的组织的毕业生，以及实施补充普通教育大纲、培养未成年学生进行军事或其他公共服务的组织的毕业生，可优先被联邦国立高等教育组织录取。

11. 成功通过入学考试和其他同等条件下，签订军事服务合同并服役至二十岁（及以上）的公民、达到最高服役年龄的退役公民、由于身体状况或组织编制原因服役至二十岁（及以上）的公民，均可优先被职业军事教育组织和军事高等教育组织录取。

12. 按照制定国家教育政策和法规的联邦权力执行机关规定的程序举办的中学生奥林匹克竞赛的获奖者和优胜者，在被招录至高等教育组织学习本科和专家培养课程，侧重学习与竞赛获奖项目有关的某一培养方向（专业）时，享有以下特殊权利。

（1）无须参加与竞赛获奖项目相关的专业和培养方向的学士学位大纲和专家培养大纲的入学考试即被录取。教育组织负责协调侧重科目培养与上述奥林匹克竞赛专业和培养方向的一致性。

（2）普通教育国家统一考试最高分获得者，或者成功通过本联邦法第七十条第7款、第8款中规定的创作或职业方向附加入学考试的人员享有同等权利。

**第七十二条　高等教育组织中教育与科学（科研）活动一体化的形式**

1. 教育和科学（科研）活动一体化的目的在于保障科研人员储备，提高高等教育组织中的学生培养质量，吸引学生在科学工作者带领下从事科研工作，将新的科技知识和成果应用于教育活动。

2. 高等教育组织通过以下方式实现教育与科学（科研）活动一体化：

（1）依靠项目经费或其他财政支持进行科研和试验研发活动；

（2）与科研组织和机构签订人才互相引进协议；

（3）与科研组织和机构共同实施联合科教计划、试验研发和其他联合活动；

（4）科研组织和机构按照联邦科教部规定的程序在高等教育组织创立科研或科技活动实验室；

（5）高等教育组织按照联邦科教部规定的程序在科研组织和机构成立教研室从事教育活动。

# 第九章　职业培训

**第七十三条　职业培训**

1. 职业培训旨在使不同年龄阶段的人员具备职业技能，掌握具体装备的操作、工艺技术、硬件控制程序和其他职业手段，使上述人员在教育水平不变的同时获得职业或职务的资格。

2. 工人和职员岗位培训大纲是对之前没有职业或职务的人员进行的职业培训。

3. 因生产和职业活动形式的要求，需获得新职业或职务的职业技术人员应接受职业培训，学习工人和职员进修大纲。

4. 有不间断提升所在行业知识、能力和技能的意愿的职业技术人员，应接受职业培训，学习职业技术提升大纲，同时教育水平不发生改变。

5. 掌握中等普通教育大纲、中等职业教育大纲的人员以及其他联邦法律规定情形下的人员，可免费接受职业培训。

6. 职业培训可在教育机构（包括职业技能教育中心、生产部门）中或以自学形式完成。按照民事法规的规定，职业技能教育中心可以不同的法人组织形式成立，也可作为法人的分支部门存在。

7. 职业培训中的职业和职务清单由制定国家教育政策和法规的联邦权力执行机关确定，且应与相应职业和职务的职业技能水平相符。

8. 教育机构在法定职业技能要求（职业标准）的基础上制定职业培训大纲，并据此规定培训时长。俄罗斯联邦法律另有规定除外。

9. 国际公路运输领域的示范性职业培训大纲由制定交通领域国家政策和法规的联邦权力执行机关确定。

**第七十四条　职业技能水平考试**

1. 职业培训以职业技能水平考试作为结业考试。

2. 职业技能水平考试由教育机构举办，以确定参训人员的知识和技能掌握程度，并据此确定参训人员的职业或职务资格。

3. 不同形式（职业培训）的职业技能水平考试均应包括技能实践和理论考核，其以职业技能指南或职业标准为基础制定。企业雇主及其联合会应审核雇员的职业资格。

# 第十章　补充教育

**第七十五条　儿童和成人补充教育**

1. 儿童和成人补充教育旨在形成并发展儿童和成人的创造能力，满足其智力、道德和体质上的个人需求，养成其安全健康的生活、休闲方式。儿童补充教育保障儿童适应社会生活，形成职业倾向，发掘并支持儿童的突出才能。针对儿童的补充普通教育大纲应考虑到儿童的年龄和个性特点。

2. 补充普通教育分为补充发展教育和职业前补充教育。补充发展教育大纲适用于儿童和成人。职业前补充教育大纲适用于儿童在艺术和体育运动领域的教育。

3. 如果其他教育大纲无特别规定，任何人无须出示教育水平证明即可接受补充普通教育。

4. 教育机构在补充普通教育大纲中规定教学内容和时限。教育机构依据联邦国家要求，在职业前补充教育大纲中规定教学内容。

5. 职业前补充教育大纲的具体实施根据本联邦法律第八十三条第 3~7 款、第八十四条第 4 款、第 5 款的规定进行。

第七十六条　补充职业教育

1. 补充职业教育旨在满足个人的教育和职业发展需求，保障其职业技能与变化的职业活动要求和社会环境相适应。

2. 补充职业教育通过实施补充职业大纲（职业技术提升大纲和职业进修大纲）得以实现。

3. 允许以下人员接受补充职业教育：

（1）具有中等职业教育或高等教育水平的人员；

（2）正在接受中等职业教育或高等教育的人员。

4. 职业技术提升大纲旨在提高或获得从事职业活动必需的新技能，并（或）提高现有的职业技术水平。

5. 职业进修大纲旨在获得完成新型职业活动必需的职业技能。

6. 在考虑到进修人员和进修组织的需求的前提下，如果本联邦法律和其他联邦法律无特别规定，补充职业教育大纲的教学内容由教育机构在教育大纲中规定。

7. 国际公路运输领域的示范性补充职业教育大纲由制定交通领域国家政策和法规的联邦权力执行机关确定。

【7. 示范性补充职业教育大纲由以下机关批准：

（1）国际公路运输领域——由制定交通运输领域国家政策和法规的联邦权力执行机关确定；

（2）地籍活动领域——由法律调整国家不动产地籍维护、地籍登记和地籍活动领域问题的联邦权力机关授权部门确定（2015 年 12 月 30 日第 452 号联邦法律版本）。】

8. 与联邦安全保障机关和信息技术反侦察机关协商后，由制定国家教育政策和法规的联邦权力执行机关负责制定涉及国家机密和国家信息安全的补充职业教育大纲。

9. 补充职业教育大纲的内容应考虑到各职业和专业相应的职业标准和职业技能要求，或者考虑到联邦法律及其他公共服务法律规定的相应岗位职责应具备的职业知识和技能。

10. 职业进修大纲应在法定职业技能要求、职业标准，以及相应中等职业教育或高等教育标准对职业进修大纲掌握要求的基础上制定。

11. 补充职业教育大纲的教学可以一次性连续进行，也可以分阶段（不连续）进行，包括按照教育大纲或教育合同规定的程序分阶段学习某些课程，进行实践，采用网络形式学习等。

12. 补充职业教育大纲可以本联邦法律规定的形式实施，也可全部或部分以实习形式实施。

13. 补充职业教育大纲的教育形式和时长应在教育大纲或教育合同中确定。

14. 学生结业考试的成绩体现其对补充职业教育大纲的掌握情况，结业考试由教育机构独立进行。

15. 顺利完成补充职业教育大纲学习并通过结业考试的人员，可获发职业技能提升证明或职业进修证书。

16. 同时接受补充职业教育、中等职业教育或高等教育的人员，可在获得职业技能提升证明或职业进修证书的同时，获发相应教育水平的教育证书和职业资格证书。

# 第十一章　特殊类别学生教育和教育大纲实施的特殊性

第七十七条　天才教育

1. 俄罗斯联邦发掘、支持有突出才能的人员，并协助其接受教育。

2. 为发现天才青少年并支持天才教育，联邦国家机关、联邦主体国家权力机关、地方自治机关、社会组织和其他团体负责组织举办奥林匹克竞赛、其他智力或创作竞赛、体育文化和运动竞赛等，以开发学生的智力和创作才能、体育运动才能，培养其参与科研、创作和体育活动的兴趣，起到宣传科学知识和创作成果的作用。学生自愿参加上述竞赛。不得向参加全俄中学生奥林匹克竞赛和其他竞赛的人员收取费用。根据竞赛结果应向获奖者颁发奖金以支持天才青少年。

3. 为开发学生的创作才能和科研兴趣，向其宣传科学知识，由制定国家教育政策和法规的联邦权力执行机关负责举办全俄中学生奥林匹克竞赛，确定竞赛科目清单和难易程度。制定国家教育政策和法规的联邦权力执行机关还需规定全俄中学生奥林匹克竞赛举办的程序和期限，包括竞赛科目清单、竞赛结果、获奖证书样式等。为保障竞赛按照法定程序进行，根据本法第五十九条第 15 款的规定，被委托为社会观察员的公民有权出席竞赛并向负责教育管理的俄罗斯联邦主体权力执行机关和地方自治机关报告违反竞赛实施程序的行为。

4. 对于有突出才能的学生，国家可为其提供专项物质奖励和其他激励措施。上述人员的选拔范围和方法、物质奖励（依靠联邦预算拨款）的发放办法由俄罗斯联邦政府制定专门章程予以确定。俄罗斯联邦主体权力机关、地方自治机关、法人、自然人，以及法人－自然人联合体有权设立专项物质奖励和其他激励措施支持天才教育。

5. 为发现并支持有突出才能的学生，以及在课程学习、科研活动、创作活动和体育活动中取得成绩的学生，可在教育组织中创立专门的学习小组，也可实施不同于该教育组织规定的基础和补充教育大纲（以下简称：定制教育大纲）。上述专门学习小组和定制教育大纲的配套实施办法由教育组织创立者根据教育组织现行教育大纲的难易程度和实施目标确定。按照定制教育大纲组织实施的教育活动应与本联邦法律第十三条第 11 款的规定一致。

第七十八条 外国公民和无国籍公民在俄罗斯教育组织中的教育

1. 按照俄罗斯联邦国际公约和本联邦法律的规定，外国公民和无国籍公民（以下简称：外国公民）有权在俄罗斯教育组织中接受教育。

2. 外国公民享有同俄罗斯公民同等的受教育权，即免费接受学前、初等、基础和中等普通教育，以及中等普通教育后的职业培训教育。

3. 根据俄罗斯联邦国际公约、联邦法律或俄罗斯联邦政府的相关规定，外国公民有权接受依靠联邦预算、联邦主体预算和地方预算拨款支持的中等职业教育、高等教育和补充职业教育（以下简称：外国公民教育名额），或依靠自然人、法人提供的资金接受有偿教育服务。

4. 符合《俄罗斯海外同胞国家政策》（1999 年 5 月 24 日第 99 号联邦法律）第十七条要求的外国公民（此处指：居住在国外的俄罗斯同胞），同俄罗斯公民享有同等接受中等职业教育、高等教育和补充职业教育的权利。

5. 在外国公民教育名额范围内依靠联邦预算拨款支持接受基础职业教育的外国公民，在学期间可以获得国家学业奖学金（不与学习成绩挂钩），并享有俄罗斯公民在学生宿舍居住时的同等权利。

6. 在外国公民教育名额范围内学习的外国公民的选拔方法及人员要求，由制定国家教育政策和法规的联邦权力执行机关确定。

7. 外国公民教育名额范围内的外国公民有权在联邦国立教育组织预科部和预科系用俄语学习补充普通教育大纲，获得联邦预算拨款支持的奖学金（不与学习成绩挂钩），以保障其后续掌握职业教育大纲。上述联邦国立教育组织的选拔程序和标准由制定国家教育政策和法规的联邦权力执行机关确定。

8. 由制定国家教育政策和法规的联邦权力执行机关规定外国学

生在预科部学习职业普通教育大纲（保障后续职业教育大纲的掌握）应达到的要求。

**第七十九条　健康状况受限人员的教育**

1. 健康状况受限人员的教学、德育内容和条件由适应性教育大纲确定，对残疾人的教学和德育还应与其个人康复计划相符。

2. 健康状况受限人员可在实施适应性普通教育大纲的组织中接受普通教育，此类组织应为上述人员接受教育提供专门条件。

3. 为健康状况受限人员提供"专门条件"，在本联邦法律中是指，为上述人员的教学、德育和发展提供条件，包括采用特殊的教育大纲和教学法、专门的教材和教学论资料、特殊技术教学手段，协助完成团体和个人矫正课程的助理教师，以及其他确保健康状况受限人员可以无障碍接受教育的措施。

4. 健康状况受限人员可与其他学生一起上课，也可在专设的班级、小组或机构中接受教育。

5. 由俄罗斯联邦主体国家权力机关为存在弱听、失聪、失明、视力受损、言语障碍、运动障碍、心理发育迟缓、智障、自闭等问题的健康状况受限人员设立专门的实施适应性普通教育大纲的组织。

6. 针对健康状况受限人员的教育活动的具体实施办法由制定国家教育政策和法规的联邦权力执行机关和制定国家社会保障政策和法规的联邦权力执行机关共同确定。

7. 国家为住在教育机构中的健康状况受限人员提供全面保障，包括提供衣服、鞋类、被褥和清扫用品等。其他健康状况受限人员每天可享受两顿免费餐点。

8. 健康状况受限人员在学习适应性教育大纲的基础上，方可接受职业培训和职业教育。

9. 俄罗斯联邦主体国家权力机关应保障没有受过基础或中等普通教育的健康状况受限人员接受职业培训。

10. 职业教育组织、高等教育组织和实施职业教育大纲的组织应为健康状况受限人员接受教育创造专门条件。

11. 健康状况受限人员接受教育时，可免费获得专门的教材和参考书、其他教学材料、手语翻译和盲文翻译。上述措施作为社会援助项目，是俄罗斯联邦主体预算拨款中的义务支出。受联邦拨款支持的此类人员除外，其援助费用是俄罗斯联邦政府预算中的义务支出。

12. 国家作为俄罗斯联邦权力机关和联邦主体国家权力机关的代表，应保障特殊教育教师的培训，协助特殊教育组织引进特殊教育工作者。

**第八十条** 为被判处失去人身自由、强制性劳动的人员、嫌疑人和被关押的被告人提供教育

1. 对于监禁在刑事执行体系改造机关的人员，俄罗斯联邦主体权力执行机关经与制定国家刑罚执行政策和法规的联邦权力执行机关协商后，应建立刑事执行体系的附属教育组织为上述人员接受普通教育创造条件。此类教育组织的法律地位由联邦法律《剥夺人身自由刑罚执行机构和部门法》（1993 年 7 月 21 日第 5473 - 1 号联邦法律）确立。

2. 刑事执行体系应为未成年嫌疑人和被关押的被告人自学完成初等、基础和中等普通教育大纲创造条件，同时依据制定国家刑罚执行政策和法规的联邦权力执行机关以及制定国家教育政策和法规的联邦权力部门规定的程序，为上述人员接受初等、基础和中等普通教育提供帮助。

3. 无须对被拘留人员实施普通教育。

4. 被判处剥夺人身自由且未满三十岁的人员，应在俄罗斯联邦主体刑事执行体系的附属普通教育组织中接受初等、基础和中等普通教育。被判处剥夺人身自由且年满三十岁的人员，以及被判处剥夺人身自由且为 I 级或 II 级残疾的人员，按其个人意愿可接受基础或中等普通教育。

5. 被判处剥夺人身自由的人员，在与其服刑程序和条件不抵触的条件下，刑事执行体系应为其自学完成初等、基础和中等普通教育创造条件。

6. 被判处剥夺人身自由的人员接受的初等、基础和中等普通教育的程序，由制定国家刑罚执行政策和法规的联邦权力执行机关和制定国家教育政策和法规的联邦权力执行机关确定。

7. 如果俄罗斯联邦刑事执行法律无其他规定，在刑事执行机构无职业且（或）刑满后无职业的被判处剥夺人身自由的人员，必须在服刑机构接受职业培训或中等职业教育。

8. 刑事执行机构中被判处剥夺人身自由的服刑人员，按照制定国家刑罚执行政策和法规的联邦权力执行机关与制定国家教育政策和法规的联邦权力执行机关协调后确定的程序接受职业培训和中等职业教育。

9. 考虑到俄罗斯联邦刑事执行法律对服刑形式的要求，允许被判处强制性劳动或剥夺人身自由的人员在职业教育组织中以函授形式接受中等职业教育和高等教育。

第八十一条　俄罗斯联邦国家机关培养国防安全和法制人员的职业教育大纲和教育活动实施的特殊性

1. 国家在基础和补充职业教育组织、俄罗斯联邦总检察院、联邦侦查委员会、联邦对外情报局、联邦国家安全局管辖的部门、联邦安全保障权力执行机关和行使以下权限的联邦权力执行机关中培养国防安全和法制人员：

（1）研制、执行国防领域国家政策和法规的机关；

（2）研制、执行国家内务和移民领域国家政策和法规的机关；

（3）监管、保护服刑中的犯罪嫌疑人和被告人，监督缓刑服刑人员，进行强行执法的机关；

（4）研制、监管国家安全保护领域国家政策和法规的机关；

（5）研制、监管麻醉药品和精神药物及其原料流通，打击其非法流通的国家政策和法规的机关。

2. 本条第 1 款中各联邦国家机关管辖的联邦国立教育组织，在本联邦法律的要求、职业军事技能培养要求和毕业生职业培养要求的基础上制定职业教育大纲。上述职业技能要求由联邦国家机关管辖的教育组织规定。依据上述教育大纲的要求，本条第 1 款中相应的联邦国家机关规定组织和开展教育活动的程序。

3. 国防安全和法制领域的示范性职业培训大纲和示范性补充职业教育大纲，由实施职业培训或补充职业教育的联邦国家机关制定、批准。

4. 在遵守涉及国家机密的联邦法律和联邦国家机关有关法规的条件下，联邦国家机关管辖的职业教育组织和职业培训组织在教学中，可以使用涉及国家机密和用于教学的保密武器式样、军事专门技术及其配套件、专门材料等教学材料。

5. 管理本条第 1 款中各联邦国家机关管辖的联邦国立教育组织，需遵守联邦法律、俄罗斯联邦武装力量军事章程和本条法律第 1 款中各联邦国家机关的规范性法律文件。

6. 在本条第 1 款中各联邦国家机关管辖的联邦国立教育组织中，学生为（军校）研究生、学员、候补军官和大学生。

7. 在本条第 1 款中各联邦国家机关管辖的联邦国立教育组织中学习的学员是军官（中级、高级和最高级领导人员）。经联邦国家机关管辖的联邦国立教育组织批准，没有军衔的现役军人、普通士兵和初级军官也可作为学员在教育组织中学习。

8. 没有军衔的现役军人、普通士兵和初级军官即为候补军官。

9. 担任联邦国家公职（包括兵役和其他同等服务、内务部门服务）的学生和教育工作者，在本条第 1 款中各联邦国家机关管辖的联邦国立教育组织中的受教育权利的具体情况，由上述联邦国家机关的规范性法律文件确定。

10. 本条第 1 款中提及的联邦国家机关行使以下权限：

（1）按照本联邦法律和其他联邦规范性法律文件的要求，制定所辖教育组织的招生程序和条件，包括制定补充入学测试清单；

（2）依据联邦法律的要求，制定所辖教育组织中学生退学、复学和转学的程序；

（3）制定所辖教育组织应上传至官方网站的活动信息清单和程序；

（4）在不与本联邦法律相抵触的前提下，规定所辖教育组织实施教育活动、教学法活动和科研活动的特殊性。

**第八十二条 医学教育和药学教育职业教育大纲实施的特殊性**

1. 国家通过实施以下医学教育和药学教育职业教育大纲培养医学工作者和药学工作者：

（1）中等职业教育大纲；

（2）高等教育大纲；

（3）补充职业教育大纲。

2. 医学教育和药学教育职业教育大纲的实施可确保终身不间断完善职业知识和技能，提高专业水平，发展职业技能。

3. 示范性医学教育和药学教育补充职业教育大纲由制定国家卫生政策和法规的联邦权力执行机关制定并批准。

4. 医学教育和药学教育中等、高等或补充职业教育大纲的实践培训可通过参加以下从事医学或药学活动的组织进行：

（1）从事医学活动或药学活动的教育和科学组织（教研医院）；

（2）医学组织，包括组织中下设的教育和科学分支部门（临床基地）；

（3）医药用品生产企业、药店、法学鉴定机构，以及其他与俄罗斯联邦公民健康相关的组织。

5. 本条第4款第2项、第3项提及的组织中开展的实践培训，应建立在教育或科学组织与医疗机构、医药用品生产企业、药店、法学鉴定机构，以及其他与公民健康相关的组织签订合同的基础上进行。合同中应规定合同各方对器材、物资的使用条件和方法，参加实践培训的学生和工作人员参与医学活动或药学活动（包括为公民提供医疗帮助）的程序等。

6. 教育组织的实践培训由联邦预算、联邦主体预算或地方预算予以保障。在本条第5款提及的国立和市立组织中参加实践培训时，学员可无偿使用培训必需的器材、物资等。

7. 学习职业教育大纲和补充职业教育大纲的学生，在参与为公民提供医疗帮助的活动和药学活动时，应按照俄罗斯联邦制定国家卫生政策和法规的联邦权力执行机关规定的程序进行。

8. 医学教育和药学教育职业教育大纲涉及的实践培训的组织和实施方法由联邦制定国家卫生政策和法规的联邦权力执行机关确定。

9. 临床住院医生培养大纲的培训确保学生获得从事职业活动必备的知识技能，使其可以担任医学工作者和药学工作者的某些职位。

10. 临床住院医生培养大纲的教学应符合制定国家教育政策和法规的联邦权力执行机关规定的联邦国家教育标准，且与制定国家卫生政策和法规的联邦权力执行机关的规定协调一致。

11. 按照联邦国家教育标准的规定，临床住院医生培养大纲的某些专业或培养方向可以分阶段（不连续）进行。某一阶段（环节）完成后，学生有权就其掌握的阶段（环节）参加结业考试（国家结业考试），证明其具备担任医学工作者和药学工作者某些职位的能力。

12. 接受临床住院医生培养大纲教育的学生，在接诊病人时，应按照制定国家卫生政策和法规的联邦权力执行机关与制定国家教育政策和法规的联邦权力执行机关协商后规定的程序进行。

13. 按照制定国家卫生政策和法规的联邦权力执行机关规定的程序，具有高等医学教育或高等药学教育水平且已经完成临床住院医生教育或临床实习的，在医疗和科学组织、医药用品生产企业、药店、法学鉴定机构及其他与俄罗斯联邦公民健康相关的组织工作的人员，可以对具有高等教育水平的人员进行高等医学教育、高等药学教育和补充职业教育的教学。

14. 按照制定国家卫生政策和法规的联邦权力执行机关规定的程序，具有中等医学教育或中等药学教育水平且已经完成临床住院医生教育或临床实习的，在医疗和科学组织、医药用品生产企业、药店、法学鉴定机构及其他与俄罗斯联邦公民健康相关的组织工作的人员，可以对具有中等教育水平的人员进行中等医学教育、中等药学教育和补充职业教育的教学。

**第八十三条　艺术领域教育大纲实施的特殊性**

1. 国家通过实施艺术领域教育大纲对公民进行艺术教育和美育，培养艺术工作者和艺术领域师资人员。艺术领域教育大纲的实施具有连续性和继承性，旨在发掘青少年早期才能，结合年龄、情感、智力和体质因素，以及不间断的艺术学习，帮助其职业发展。

2. 艺术领域实施以下教育大纲：

（1）职业前补充教育大纲和补充发展教育大纲；

（2）基础普通教育大纲和中等普通教育大纲与中等职业教育大纲的一体化教育大纲（以下简称：一体化艺术教育大纲）；

（3）中等职业教育大纲（中级专家培养大纲）；

（4）高等教育大纲（学士学位大纲、专家培养大纲、硕士学位大纲、助教－进修生培养大纲和副博士培养大纲）。

3. 艺术领域职业前补充教育大纲的实施，旨在发掘早期天才儿童，为其接受艺术教育和美育、获取所选艺术形式的知识技能、获得艺术活动经验、接受艺术领域的职业化培养创造条件。艺术领域职业前补充教育大纲在幼儿补充教育组织（艺术幼儿园）、实施一体化艺术教育大纲和中等职业艺术教育大纲的职业教育组织，以及高等教育组织中实施。

4. 艺术领域职业前补充教育大纲的清单由制定国家文化政策和法规的联邦权力执行机关确定。

5. 经与制定国家教育政策和法规的联邦权力执行机关协调一致后，由制定国家文化政策和法规的联邦权力执行机关对各艺术领域职业前补充教育大纲的最低学习内容、大纲结构、实施条件和修业年限作出规定。

6. 经与制定国家教育政策和法规的联邦权力执行机关协调一致后，由制定国家文化政策和法规的联邦权力执行机关规定艺术领域职业前补充教育大纲的招生程序。招生应在个体选拔的基础上进行，以确保学生具备相应大纲要求的创作才能和身体素质。

7. 经与制定国家教育政策和法规的联邦权力执行机关协调一致后，由制定国家文化政策和法规的联邦权力执行机关规定相应形式和程序的结业考试，以检验艺术领域职业前补充教育大纲的掌握情况。

8. 一体化艺术教育大纲旨在为具有突出艺术创作才能的学生创造艺术教育和美育的条件。

9. 一体化艺术教育大纲在职业教育组织和高等教育组织中以面

授形式实施，其应符合艺术领域中等职业教育联邦国家标准，保障学生获得基础普通教育、中等普通教育和中等职业教育，满足学生的受教育需求，激发发展创作才能的兴趣。

10. 学习一体化艺术教育大纲的学生，在掌握基础普通教育大纲前，应履行并享有基础普通教育大纲规定的义务和权利；在学习中等普通教育和中等职业教育大纲期间，应履行并享有中等职业教育大纲规定的义务和权利。

11. 在实施一体化艺术教育大纲的教育组织中，初等普通教育大纲的实施应符合初等普通教育联邦国家教育标准。标准中规定了保障学生获得所选艺术形式相应的知识技能、创作活动经验以及艺术领域职业教育的条件。

12. 实施一体化艺术教育大纲的教育组织中可以设立宿舍供学生使用。

13. 具备艺术领域中等职业教育大纲要求的创作才能和身体素质的人员，可参加一体化艺术教育大纲的招生。经制定国家教育政策和法规的联邦权力执行机关同意后，由制定国家文化政策和法规的联邦权力执行机关规定招生选拔程序。

14. 学习一体化艺术教育大纲的学生，需按照本联邦法律规定的程序，参加国家基础普通教育结业考试和国家中等职业教育结业考试。

15. 实施一体化艺术教育大纲的组织在开除正在接受基础普通教育的学生时，必须保证其能够转入另一教育组织继续接受基础普通教育。

16. 助教－进修生培养大纲在高等教育组织中以面授形式实施，旨在培养创作表演方面的高水平创作人才和师资人员。

17. 经与制定国家教育政策和法规的联邦权力执行机关协调一致后，由制定国家文化政策和法规的联邦权力执行机关制定相应联邦国家教育标准，以满足助教－进修生培养大纲的教育要求。

18. 接受助教－进修生培养大纲教育的学生，需准备相应创作表演专业的毕业作品。

19. 经与制定国家教育政策和法规的联邦权力执行机关协调一致后，由制定国家文化政策和法规的联邦权力执行机关规定助教－进修生培养大纲的招生程序、教学活动的组织和实施等。

20. 如果相应教育大纲有规定，艺术领域职业教育大纲规定的教学实践和生产实习可与创作教学同时进行。

21. 在不与本联邦法律相抵触的前提下，由制定国家文化政策和法规的联邦权力执行机关确定艺术领域教育大纲中教育活动和教学法活动组织与实施的其他特殊性。

**第八十四条　体育运动教育大纲实施的特殊性**

1. 实施体育运动教育大纲，旨在使个人完成体育训练，使其获得相应知识技能，拥有健全体魄，形成健康安全的生活方式；选拔最具运动能力的青少年，为其进行体育训练创造条件，培养体育运动专才。

2. 体育运动领域实施以下教育大纲：

（1）基础普通教育大纲、中等普通教育大纲和职业前体育运动补充教育的一体化教育大纲（以下简称：一体化体育运动教育大纲）；

（2）体育运动职业教育大纲；

（3）体育运动补充普通教育大纲。

3. 体育运动补充普通教育大纲包括：

（1）体育运动补充发展大纲，旨在使个人完成体育训练，发掘有才能的儿童，使其获得完成体育运动的初级知识（体育教育大纲和体育保健大纲）；

（2）职业前体育运动补充大纲，旨在选拔有才能的儿童，为其体育教育和身体发展创造条件，使其获得所选体育项目所需的初级知识技能，为后续各阶段培训做准备。

4. 经与制定国家教育政策和法规的联邦权力执行机关协调一致后，由制定国家体育运动政策和法规的联邦权力执行机关对各职业前体育运动补充大纲的最低学习内容、大纲结构、实施条件和修业年限作出规定。该规定应符合联邦运动训练标准。

5. 经与制定国家教育政策和法规的联邦权力执行机关协调一致后，由制定国家体育运动政策和法规的联邦权力执行机关确定职业前体育运动补充大纲的招生程序。招生应在个体选拔基础上进行，以确保学生具备相应大纲要求的体育运动才能。

6. 实施一体化体育运动教育大纲的教育组织中可以设立宿舍供学生使用。国家联邦队和各俄罗斯联邦主体队队员的住宿和运动装备和用品免费。

7. 对于学习中等职业教育大纲、一体化体育运动教育大纲、职业前体育运动补充大纲的学生，由教育组织保障其运动装备和用品，以及其参加训练和体育赛事的往返路费、食宿费和医疗保障等。上述保障活动由教育组织的创立者负责组织。

8. 为保障本条第 7 款中各教育大纲的不间断实施，教育组织可在假期组织体育训练营，也可要求学生参加由运动机构或教育组织举办的短期集训。

9. 在不与本联邦法律相抵触的前提下，由制定国家体育运动政策和法规的联邦权力执行机关确定体育运动教育大纲中教育活动和教学法活动组织与实施的其他特殊性。

**第八十五条** 符合国际要求的民用航空人员、船员以及与铁路交通运行和调车工作直接相关人员的培养大纲实施的特殊性

1. 符合国际要求的民用航空人员、船员以及与铁路交通运行和

调车工作直接相关人员的培养大纲包括：

（1）职业培训大纲；

（2）中等职业教育大纲和高等教育大纲；

（3）补充职业大纲。

2. 符合国际要求的民用航空人员、船员以及与铁路交通运行和调车工作直接相关人员的培养大纲的实施应符合经制定国家交通政策和法规的联邦权力执行机关同意后，由制定国家教育政策和法规的联邦权力执行机关批准的联邦国家教育大纲。

3. 符合国际要求的民用航空人员、船员以及与铁路交通运行和调车工作直接相关人员的示范性职业培训大纲和示范性补充职业教育大纲由制定国家交通政策和法规的联邦权力执行机关确定。

4. 符合国际要求的民用航空人员、船员以及与铁路交通运行和调车工作直接相关人员的培养大纲的实施包括，在不同交通设施和运输工具上进行理论、模拟和实践培训，确保教育大纲不同培养阶段的任务、工具、教学方法和组织形式的继承性和连贯性。

5. 实施符合国际要求的民用航空人员和船员的培养大纲时，应确保飞行时长和舱内实习时长不少于俄罗斯联邦国际条约要求的数目。

6. 实施符合国际要求的民用航空人员、船员以及与铁路交通运行和调车工作直接相关人员的培养大纲时，应确保教育机构拥有教学模拟基地，包括符合联邦国家教育标准、示范性职业培训大纲和示范性补充职业教育大纲要求的交通工具和模拟器。

7. 在不与本联邦法律相抵触的前提下，由制定国家交通政策和法规的联邦权力执行机关确定符合国际要求的民用航空人员、船员以及与铁路交通运行和调车工作直接相关人员的培养大纲的实施过程中，在不同交通设施和运输工具上进行理论、模拟和实践培训，以及不同培养阶段的任务、工具、教学方法和组织形式的其他特殊性。

**第八十六条** 普通教育组织和职业教育组织中培养未成年学生参加军事或其他国家服务的补充发展教育大纲的实施

1. 基础普通教育大纲和中等普通教育大纲可以与旨在培养未成年学生参加军事或其他国家服务（包括俄罗斯哥萨克公务员）的补充发展教育大纲结合，形成一体化教育大纲。

2. 创立实施未成年学生参加军事或其他国家服务（包括俄罗斯哥萨克公务员）人员一体化教育大纲的教育组织时，普通教育组织名称中应带有"总统武备中学"、"苏沃洛夫军校"、"纳西莫夫海军军校"、"（海军）武备军校"、"武备中学"、"（海军）武备学校"、"哥萨克武备学校"等专门字样；职业教育组织应带有如"军事音乐中学"等专门字样。

3. 组织名称中带有"总统武备中学"、"苏沃洛夫军校"、"纳西莫夫海军军校"、"（海军）武备军校"的普通教育组织和组织名称中带有"军事音乐中学"的职业教育组织，只能由俄罗斯联邦创立。组织名称中带有"武备中学"、"（海军）武备学校"和"哥萨克武备学校"的普通教育组织，可以由俄罗斯联邦和俄罗斯联邦主体创立。

4. 组织名称中带有"总统武备中学"、"苏沃洛夫军校"、"纳西莫夫海军军校"、"（海军）武备军校"的联邦国立教育组织和组织名称中带有"军事音乐中学"的职业教育组织中教育活动的组织和实施以及招生程序，经与制定国家教育政策和法规的联邦权力执行机关协调一致后，由上述教育组织所属的联邦国家机关确定。组织名称中带有"武备中学"、"（海军）武备学校"和"哥萨克武备学校"的教育组织中教育活动的组织和实施的程序，由制定国家教育政策和法规的联邦权力执行机关确定。

5. 上述教育组织中学生的制服样式、着装要求和徽章标志由上述组织的创立者规定。

6. 实施未成年学生参加军事或其他国家服务（包括俄罗斯哥萨克公务员）人员一体化教育大纲的教育组织，在招生时应对以下人员优先录取：孤儿和无父母照管的弃儿，雇佣军人子女，在国家民政部门进行军事服务的职员子女，因超龄、健康或编制问题退役的军人子女，执行军事任务中致残或殉职的军人子女，"苏联英雄"、"俄罗斯联邦"英雄和其他荣誉勋章获得者的子女，因公死亡的内务部工作人员子女，受上述人员抚养的儿童，因公死亡、受伤的检察机关工作人员的子女，以及联邦法律规定的其他人员子女。

**第八十七条** 俄罗斯联邦精神道德文明教育的特殊性以及神学和宗教教育的特殊性

1. 在联邦国家教育标准相关要求的基础上，为使公民个性的养成和发展与家庭、社会精神道德及社会文化价值相一致，可将涉及俄罗斯联邦精神道德文明、道德原则、世界宗教历史和文化传统的科目和课程或其他替代性科目和课程，纳入基础教育大纲。

2. 学生家长（法定监护人）选择一个被纳入普通教育大纲的科目和课程供学生学习。

3. 中央宗教组织按照本联邦法律第十二条第 11 款规定的程序对公民精神道德文明教育领域的示范性基础教育大纲实施鉴定，检验其科目和课程是否符合该组织内部条例规定的教义内容，是否与历史和文化传统相一致。

4. 实施经国家认证的神学高等教育大纲的高等教育组织在制定具体教育大纲时，应参考依据本联邦法律第十二条第 11 款规定的程序鉴定后的示范性基础教育大纲。

5. 神学科目、课程由中央宗教组织推荐的教学人员讲授。

6. 俄罗斯联邦精神道德文明、道德原则、世界宗教历史和文化传统科目、课程及神学科目、课程的教学法保障由中央宗教组织负责承担。

7. 私立教育组织在向有关宗教机构或中央宗教组织提交申请后，可将由教学过程参与者提供的宗教科目和课程纳入基础教育大纲以保障宗教教育。

8. 创立者为宗教团体（宗教教育组织除外）的私立教育组织在向有关宗教机构或中央宗教组织提交申请后，可将由教学过程参与者提供的宗教科目和课程纳入基础教育大纲以保障宗教教育。

9. 实施旨在培养宗教组织神职人员的宗教教育组织，有权根据联邦国家教育标准的要求实施中等职业教育大纲和高等教育大纲。

10. 宗教组织教学科目示范性教育大纲和神职人员教育大纲由相关宗教组织或中央宗教组织确立。教学法保障亦由相关宗教组织或中央宗教组织负责承担。

11. 除本联邦法律规定的条件外，创立者为宗教团体和宗教教育组织的私立教育组织，可参考其隶属的宗教团体或中央宗教组织的内部条例，制定有关招生、学生义务和权利、开除学生原因等的补充条件。

12. 教育组织和教学工作者在实施按本联邦法律第一条、第四条规定的教育大纲时，应取得中央宗教组织的鉴定认证，以证明其教育活动达到中央宗教组织制定的标准和要求。认证程序以及被认证的教育组织、个人享有的权利，由实施认证的中央宗教组织规定。认证程序不引起国家承担额外的财政及其他责任。

**第八十八条** 俄罗斯联邦外交部驻外机构中普通教育大纲实施的特殊性

1. 按照联邦国家普通教育标准的要求，国家应通过俄罗斯联邦外交部驻外机构创立专门的教育组织，为父母（法定监护人）是俄罗斯联邦外交部驻外机构、俄罗斯联邦商务代表处、俄罗斯联邦国防部军事代表处工作人员，以及根据俄罗斯联邦法律要求外派国外的其他部门工作人员的子女提供免费的基础普通教育。

2. 俄罗斯联邦外交部批准的驻外机构在教育领域提供国家服务的标准支出由俄罗斯外交部确定，其取决于教育活动的具体实施，并非学生数量的多少。

3. 同本联邦法律第一条中规定的人员一样，俄罗斯联邦外交部驻外机构中其他人员的基础普通教育，经与俄罗斯联邦外交部协商一致后，按照各驻外机构领导的决议实施。此种情形下，未成年学生父母（法定监护人）、其他自然人或法人应缴纳学生在驻外机构中接受教育的费用以及驻外机构规定的其他费用。

4. 俄罗斯联邦外交部驻外机构创办的专门教育组织由俄罗斯外交部决定设立、暂停和终止。

5. 俄罗斯联邦外交部对其驻外机构中的专门教育组织负有以下责任：

（1）确定各教育组织管理层结构和人员编制；

（2）为教育活动提供人员、信息和教学法保障；

（3）根据联邦国家教育标准和外驻国家的要求，为教育活动提供物质技术保障和装备安置；

（4）保障教育证书用表，将俄罗斯联邦外交部驻外机构签发的教育证书信息录入联邦教育证书或技能培训证书清单；

（5）监督教育组织的活动。

6. 经与制定国家教育政策和法规的联邦权力执行机关协商一致后，俄罗斯联邦外交部各驻外机构依据联邦法律，以及俄罗斯联邦外交部规定的驻外机构中普通教育大纲和补充普通教育大纲的实施程序进行教育活动。

7. 俄罗斯联邦外交部驻外机构中教学人员签订劳动合同的程序

和条件，与驻外机构中工作人员签订的劳动合同一致，均由俄罗斯联邦法律确定。

8. 俄罗斯联邦外交部驻外机构中教学人员的权利和义务参考俄罗斯联邦外交部驻外机构中工作人员的权利和义务（需符合劳动法规），由联邦教育法规确定。

# 第十二章　教育体系管理和教育活动的国家管控

### 第八十九条　教育体系管理

1. 国家在法制、民主、教育组织自治、教育系统信息公开和参考社会舆论的原则下进行教育体系管理；教育体系管理具有国家社会属性。

2. 教育体系管理包括：

（1）构建教育领域相互合作的联邦权力执行机关、联邦主体权力执行机关和地方自治机关的管理体系；

（2）实施教育体系战略发展规划；

（3）通过并实施旨在发展教育体系的俄罗斯联邦国家纲要、联邦和地区规划；

（4）在教育体系实施检测；

（5）为教育领域的联邦国家权力机关、联邦主体权力执行机关和地方自治机关提供信息和教学法保障；

（6）国家管控教育活动；

（7）独立评价教育质量，进行社会和职业社会认证；

（8）培养并提高实施教育领域国家管理的联邦国家机关、联邦主体国家权力机关和地方教育管理机关工作人员，以及教育组织中领导和教育工作者的职业技能。

3. 联邦国家权力机关和联邦主体国家权力机关在自己的权限范围内实施教育领域的国家管理。地方自治机关在市、区进行教育管理。

4. 制定国家教育政策和法规的联邦权力执行机关、行使教育检查（监督）职能的联邦权力执行机关和有下辖教育组织的联邦国家机关，是实施教育领域国家管理的联邦权力执行机关。

5. 制定国家教育政策和法规的联邦权力执行机关负责协调联邦国家机关、联邦主体权力执行机关和教育体系内其他机构的教育活动。

**第九十条　教育活动的国家管控**

1. 国家管控教育活动，旨在建立实施教育活动的统一要求和程序，使教育机构有所遵循。

2. 教育活动的国家管控包括：

（1）教育活动许可；

（2）教育活动的国家认证；

（3）国家教育检查（监督）。

**第九十一条　教育活动许可**

1. 教育机构依据俄罗斯联邦法律对活动许可的规定及本条法律规定的具体情况，取得相应教育活动许可。教育机构根据教育形式、教育水平、职业、专业、培养方向（针对职业教育）和补充教育的形式获发教育活动许可。

2. 教育组织、培训机构和个体企业主（直接实施教育活动的私营业主除外）可作为申请人申请教育活动许可。

3. 行使教育检查（监督）职能的联邦权力执行机关，或被授予本联邦法律第六条、第七条中规定权限的俄罗斯联邦主体教育管理机关，可作为教育活动许可证发放机关。

4. 教育活动许可证（以下简称：许可证）的附录是许可证必不可少的一部分。附录中应标明教育形式、教育水平（职业教育还应标明职业、专业、培养方向及其要求的相应职业技能）、补充教育形式和教育活动实施地点（补充职业教育和基础职业培训除外）。教育机构的各分支机构还应在单独附录中标明分支机构名称和地址。许可证及其附录的形式和规格，由制定国家教育政策和法规的联邦权力执行机关规定。

5. 如果发生以下情形，许可证发放机关将根据俄罗斯联邦法律的规定，对某些活动类型进行重新许可：

（1）在一个法人实体具有许可证的情形下，以兼并的形式重组法人实体的；

（2）在一个或几个重组的法人实体具有许可证的情形下，以合并的形式重组法人实体的。

6. 根据许可证重新申办理由的不同，办理程序将需要完全或部分进行重新申请。

7. 两个教育机构兼并重组时，许可证的重新申请需在其各自许可证的基础上进行。

8. 在拆分或重组期间，为了保障教育机构进行许可证重新申请时，其教育活动正常进行，许可证发放机关向拆分或重组后各许可证的持有人发放临时许可证。临时许可证有效期限为一年。

9. 临时许可证申请书及附加材料应自登记相关变更之日起 15 个工作日内提交给许可证发放机关。

10. 许可证发证机关对临时许可证申请的受理，不应超过自申请人提交申请书及附加材料之日起的 10 个工作日。

11. 临时许可证申请书及附加材料的形式，由行使教育检查（监督）职能的联邦权力执行机关确定。

12. 如果发生以下任一情形，许可证发放机关可根据俄罗斯联邦法律的规定，将许可证申请书及其附加材料连同退还理由一并交给许可证持有人或申请人：

（1）根据本联邦法律规定，许可证持有人或申请人的教育活动超出发证机关许可的权限；

（2）根据本联邦法律规定，许可证持有人或申请人实施了超出许可证允许范围的教育活动；

（3）存在许可证持有人未遵守制定国家教育政策和法规的联邦权力执行机关或行使教育检查（监督）职能的联邦权力执行机关授权的俄罗斯联邦主体权力执行机关相关规定的情况。

13. 由宗教组织创立的教育组织，其教育活动许可应按照宗教组织提交的报告实施（如果此类宗教组织包含在中央宗教组织中，教育活动按照中央宗教组织的报告实施）。申请教育活动许可的宗教教育组织，应提交具有神学学位和神学头衔的教学人员的资格证明材料。

14. 俄罗斯联邦外交部负责收集其驻外机构作为许可证申请人或持有人提交的许可证重新办理的申请书及附加材料，并递交给许可证发放机关。

15. 教育活动许可条例中规定的许可条件和要求应考虑到以下因素：

（1）宗教教育组织使用其场地实施教育活动的法律依据，以及其教学人员的教育资格；

（2）对俄罗斯联邦外交部实施和组织的教育活动所使用的建筑、设施及场地的要求；

（3）借助网络实施教育大纲时教育活动的组织与实施；

（4）采用电子教学、远程教育技术实施教育大纲时教育活动的组织与实施。

16. 对于所实施教育大纲中涉及国家机密的教育组织，以及制定国家安全、警卫政策和法规的联邦权力执行机关，制定国家国防政策和法规的联邦权力执行机关，制定国家内务政策和法规的联邦权力执行机关，制定国家移民政策的联邦权力执行机关，制定并执行俄罗斯联邦国家警卫活动、武器流通、地区防御和跨境作战政策和法规的联邦权力执行机关，制定国家麻醉药品和精神药物流通政策和法规的联邦权力执行机关以及其他涉及国家机密的机关下辖的教育组织，其教育活动许可由教育活动许可条例具体规定。

**第九十二条　教育活动的国家认证**

1. 按照联邦国家教育标准和教育组织内部标准实施基础教育大纲的组织，需取得实施教育活动的国家认证（实施学前教育大纲的组织除外）。

2. 教育活动国家认证的目的是，确认教育组织、培训机构和个体企业主（直接实施教育活动的个人除外）实施的基础教育大纲、培训大纲与国家教育标准是否相符。

3. 教育活动的国家认证由认证机关——行使教育检查（监督）职能的联邦权力执行机关，或被授予本联邦法律第六条、第七条中规定权限的俄罗斯联邦主体权力执行机关，根据教育组织提交的申请进行操作。

4. 由宗教组织创立的教育组织，其教育活动的国家认证按照相应宗教组织提交的报告实施（如果该宗教组织为中央宗教组织，按中央宗教组织的报告实施）。接受国家认证的宗教教育组织应提交具有神学学位和神学头衔的教学人员的资格证明材料。

5. 被授权的俄罗斯联邦主体权力执行机关在对境内教育组织的境外（其他俄罗斯联邦主体）分支机构进行国家认证时，应与机构所在地的俄罗斯联邦主体权力执行机关协调一致。

6. 认证机关在对实施初等、基础和中等普通教育大纲的教育活动进行认证时，有权决定其是否通过认证。

7. 认证机关在对实施职业教育大纲的教育活动进行认证时，有权决定其是否通过认证。在教育组织中实施的职业教育大纲，均已获得国家认证，且属于获得国家认证的各职业、专业和培养方向。

8. 实施职业教育大纲的教育组织，教学年度内有学生在读的所有职业教育大纲都应申请国家认证。

9. 认证机关有权单独决定教育组织及其分支机构的教育大纲是否通过认证。

10. 申请国家认证的申请书及其附加材料可直接提交认证部门，或采取投妥通知挂号信的形式邮递，也可以以附有电子签名的电子文件形式提交认证部门。上述申请材料的格式填写和装订要求由制定国家教育政策和法规的联邦权力执行机关确立。

11. 教育活动的国家认证由认证鉴定委员会在其客观负责执行认证的基础上进行。

12. 认证鉴定委员会的鉴定对象是教育组织欲申请认证的教育大纲中教学内容和教学质量的一致性。认证鉴定委员会对教育组织的教育大纲进行认证时，对教育内容的鉴定不同时进行。

13. 具有认证领域必备专业技能的专家或符合规定要求的鉴定单位，可以加入认证鉴定委员会。但上述专家和鉴定单位不能与被鉴定的教育组织存在民事法律关系（与专家也不能存在劳动关系）。

14. 认证机关通过专家和鉴定单位完成认证，并借助电子媒介将其信息进行登记，发布在其官方网站上。

15. 对参与认证的专家或鉴定单位的专业技能要求、筛选程序和认证方法（包括登记程序）均由制定国家教育政策和法规的联邦权力执行机关确立。

16. 专家和鉴定单位劳动报酬及认证鉴定委员会补偿支出的发放

程序和金额由联邦政府规定。

17. 认证鉴定委员会的鉴定结论等认证信息会被发布在其官方网站。

18. 教育组织在按照本条法律第 29 款的要求提交认证申请及附加材料后，认证机关作出认证结论的期限不得超过自接收申请材料之日起 105 天。

19. 认证机关应在发放的证书上标明有效期限：

（1）实施职业教育大纲的教育组织，证书有效期为六年；

（2）实施普通教育大纲的教育组织，证书有效期为十二年。

20. 国家认证证书及其附件的格式和技术规范，由联邦教育政策法律制定部门确立。

21. 教育或培训机构和私营业主因机构合并、分立或兼并等原因重组、撤销或暂停机构教育活动时，国家认证自法人或自然人在国家统一法人清单或私营业主清单登记机构撤销或暂停之日起失效。

22. 因机构合并、分立或兼并等原因重组产生的教育组织，由国家认证机关发放教育活动临时认证证书。临时认证证书有效期为一年。

23. 有以下理由之一者，认证机关可拒绝向申请认证的教育组织发放国家认证：

（1）教育组织提交材料中存在不实信息；

（2）根据认证鉴定委员会鉴定结果得出了否定结论。

24. 有以下理由之一者，认证机关可剥夺教育组织申请相应教育水平、专业和培养方向教育大纲的国家认证资格：

（1）教育组织实施的全部或部分教育大纲的教育活动许可被撤销；

（2）在国家认证的有效期限内，教育组织第二次违反教育法规，致使教育或专业技能证书违法发放；

（3）国家认证暂停期满（缺乏恢复国家认证的理由）。

25. 教育组织在失去一个或几个职业教育大纲认证的情况下，其对于职业、专业和培养方向大类的国家认证申请资格将被剥夺。

26. 教育组织申请国家认证被拒或其认证资格被剥夺满一年后，有权再次申请国家认证。

27. 国家认证证书（包括临时证书）发放和改办手续的费用，按照联邦税收法律规定的金额和程序从国税中支出。

28. 教育活动的国家认证条例由联邦政府确立。

29. 教育活动的国家认证条例在以下方面作出规定：

（1）申请国家认证的要求和表格清单，必须提交的文件及附加材料的要求和清单；

（2）国家认证申请材料的提交和接收程序；

（3）认证鉴定委员会执行程序，包括专家或鉴定单位的管理程序；

（4）在确定宗教组织中教师的职业资格及联邦外交部驻外机构开展教育活动资格的基础上，对上述组织的教学活动进行国家认证的特殊性；

（5）国家认证通过或不予通过的程序；

（6）认证机关提供认证证书副本的程序；

（7）改办认证证书的理由和程序；

（8）国家认证中止、恢复、终止和被剥夺的程序；

（9）以下属于认证鉴定委员会执行国家认证时的特殊情况：

a）根据单独的教育标准制定的高等教育大纲要求的教育活动；

b）内容涉及国家安全和信息安全领域的职业教育大纲要求的教育活动。

## 第九十三条 国家教育检查（监督）

1. 国家教育检查（监督）包括联邦权力执行机关的授权机关实

施的联邦国家教育质量检查和联邦国家教育监督，以及俄罗斯联邦主体的授权机关实施的国家教育检查（监督）（以下简称：教育检查和监督机关）。

2. 联邦国家教育质量检查是指，通过组织实施教育质量检查，采取联邦法律规定的措施等，制止、消除教育活动中违反联邦教育标准的现象，对教育组织实施的教育活动（按照经国家认证的教育大纲和联邦国家教育标准的要求实施）与学生培养是否协调一致进行评估的活动。

3. 联邦国家教育监督是指，通过负责教育管理的联邦主体国家权力机关、地方自治教育管理机关和教育组织（以下简称：各机关和组织）实施检查，采取联邦法律规定的措施等，预防、调查并制止违反联邦教育标准要求的现象。

4. 考虑到本条法律规定的实施和组织程序的具体情况，2008 年12 月 26 日第 294 号联邦法律《国家和市政检查（监督）中法人和个体企业主权力保护法》适用于对教育机构的国家教育检查（监督）。

5. 除《国家和市政检查（监督）中法人和私营业主权力保护法》规定的理由外，有以下理由的，也可在联邦国家监督的框架内对教育机构实施计划外检查：

（1）认证机关实施教育活动国家认证时，发现教育组织存在违反教育法规要求的行为；

（2）教育检查和监督机关在本联邦法律第九十七条规定的对教育系统监控数据的基础上，发现教育组织存在违反教育法规要求的行为。

6. 一旦出现违反教育法规要求的行为，教育检查和监督机关可向违法机构或组织下达消除违法行为的命令。该命令的执行期不能超过六个月。

7. 一旦本条第 6 款中的命令未被执行（包括违法机构或组织提交的执行报告不能证明其在规定期限内执行了命令，或者在规定期满前执行报告未提交），教育检查和监督机关可根据《俄罗斯联邦行政违法法典》规定的程序提起行政违法诉讼，并禁止其招生。

8. 一旦法院作出决定，追究教育组织领导人员未在规定期限内执行（本条法律第6款中的）命令的行政责任，教育检查和监督机关可第二次向违法机构或组织下达消除违法行为的命令。第二次下达执行命令后，教育检查和监督机关应暂停教育组织在命令执行期间的全部或部分（有关教育类型、教育层次、职业、专业和培养方向或补充职业教育类型、教育活动实施等）教育活动许可。第二次命令执行期满前，违法教育组织应将附有确认命令完成的通知单交给教育检查和监督机关，教育检查和监督机关收到并核查通知书内容。被教育检查和监督机关暂停的教育活动许可，自命令执行被核实后的第二日起恢复。如果第二次命令也未在规定期间被执行，教育检查和监督机关可向法院提交撤销教育组织教育活动许可的申请。许可证效力在法院判决生效之日起暂停。同时，教育检查和监督机关可向未履行相应职责的俄罗斯联邦主体国家权力机关和地方自治教育机关的上级部门提出审查相应教育管理机关领导人员，并予以免职的建议。

9. 一旦出现教育组织违反国家教育标准的现象，教育检查和监督机关可向违法机构或组织下达消除违法行为的命令。该命令的执行期不能超过六个月。一旦命令未被执行（包括违法机构或组织提交的命令执行报告不能证明其在规定期限内执行了命令，或者在命令规定期满前执行报告未提交），教育检查和监督机关可根据《俄罗斯联邦行政违法法典》规定的程序提起行政违法诉讼，并禁止其招生。一旦法院作出决定，追究教育组织未在规定期限内执行（本条法律第六款中的）命令的行政责任，教育检查和监督机关可第二次向违法机构或组织下达消除违法行为的命令。同时应中止教育组织在命令执行期间的全部或部分（有关教育层次，职业、专业和培养方向大类的）教育活动许可效力。第二次命令执行期满前，违法教育组织应将附有命令确认执行完成的通知单交给教育检查和监督机关，教育检查和监督机关收到并核查通知书内容。自命令执行被核实的第二日起，应恢复教育活动国家认证的效力，解除禁止招生的临时禁令。如果第二次命令仍未在规定期间被执行，教育检查和监督机关可全部或部分（有关教育水平，职业、专业和培养方向大类）剥夺教育组织的国家认证资格。

10. 如果教育机构的教育大纲涉及国家机密，由俄罗斯联邦政府确定国家对其进行教育检查（监督）的具体要求。

**第九十四条　教育鉴定**

1. 教育鉴定针对与教学、德育问题有关的规范性法律文件及其草案进行，以发现并防止对某一层次或培养方向的教育大纲实施质量以及学生学习条件产生消极影响的情况。

2. 俄罗斯联邦政府授权的联邦权力执行机关负责组织与教学、德育问题有关的规范性法律文件及其草案的教育鉴定工作。

3. 自规范性法律文件及其草案的教育鉴定结果得出之日起三十天内，由制定上述文件的联邦权力执行机关对其进行强制审查。审查结果由该联邦权力执行机关发布至其官方网站。

4. 教育鉴定的实施程序由俄罗斯联邦政府确定。

**第九十五条　教育质量的独立评估**

1. 教育质量的独立评估针对教育机构及其教育大纲进行，旨在确定教育活动与自然人和法人的需求是否协调一致，协助后者选择合适的教育机构和教育大纲，提高教育机构和教育大纲在俄罗斯联邦和国际市场的竞争力。

2. 教育质量的独立评估由法人或个体企业主实施（以下简称：教育质量评估机构）。

3. 教育质量评估机构规定评估的教育类型、教育机构及其教育大纲分组，以及独立评估实施的条件、形式、方法和费用。

4. 教育质量的独立评估在法人或自然人的倡议下进行。实施评估时可使用有关教育机构及其教育大纲公开可用的信息。

5. 教育质量的独立评估同样适用于教育领域的国际比较研究。

6. 教育质量的独立评估结果不会导致教育机构的教育活动许可和国家认证遭暂停或撤销。

**第九十六条　教育机构的社会认证和教育大纲的社会职业认证**

1. 教育机构可以在各种俄罗斯联邦、外国和国际组织中获得社会认证。

2. 社会认证是指承认教育机构的活动水平符合俄罗斯联邦、外国和国际组织的标准和要求。实施社会认证的程序、形式、方法，以及被认证的教育机构享有的权利等，由实施认证的社会组织确定。

3. 雇主、雇主协会及其授权机构有权对实施职业教育大纲的组织进行社会职业认证。

4. 职业教育大纲社会职业认证是指承认教育机构的毕业生培养质量和教育水平符合职业标准和劳动力市场对相应行业专家、工人和职员的要求。

5. 在职业教育大纲社会职业认证结果的基础上，雇主、雇主协会及其授权组织可以对上述教育大纲以及实施上述大纲的组织进行等级排名。

6. 对职业教育大纲进行社会职业认证的程序、评估上述认证过程的形式和方法、实施或学习上述大纲的组织或毕业生享有的权利等，由实施社会职业认证的雇主、雇主协会及其授权机构确定。

7. 实施社会认证和社会职业认证的组织应确保相关认证实施过程的公开有效。

8. 进行国家认证时，教育机构应将有关社会认证或社会职业认证资质的材料提交认证机关并接受审查。

9. 社会认证和社会职业认证在自愿的基础上进行，不会造成国家额外的财政负担。

**第九十七条　教育体系的信息公开和教育体系监控**

1. 俄罗斯联邦国家权力机关、联邦主体国家权力机关、地方自治机关和教育机构应保障教育体系信息的公开性和可访问性。

2. 教育体系的信息包括，涉及教育体系的官方统计核算数据、教育体系监控数据，以及教育领域的联邦国家权力机关、联邦主体权力执行机关、地方自治机关、教育机构和其他在教育领域实施活动的组织在实现自身职能时获得的资料数据。

3. 教育体系监控是对教育状况及其变化动态、教育活动实施条件、学生名额、学生课内外成绩、毕业生职业成就、官网状态的标准化、系统化监督。

4. 教育系统监控由负责教育管理的联邦国家权力机关、联邦主体权力执行机关和地方自治教育机关组织实施。

5. 教育系统监控的实施程序及其实施必需的信息清单均由联邦政府确定。

6. 教育状况分析及发展前景预测应每年以年度总结的形式公布，并上传至联邦制定国家教育政策和法规的联邦权力执行机关、各机关和组织的官方网站。

**第九十八条　教育领域的信息系统**

1. 为在教育体系管理和教育活动管控方面提供信息保障，由俄罗斯联邦国家权力机关和联邦主体国家权力机关的授权机关设立并维护国家信息系统（包括本条法律规定的国家信息系统）。

国家信息系统的维护按照统一的组织、方法和技术原则进行，以确保这些信息系统与其他国家信息系统、信息通信网络的兼容性和互动性，包括用于提供国家和市政服务的信息技术和通信基础设施；确保信息系统中人员信息的保密性和安全性，同时符合俄罗斯联邦关于依法保护国家机密或其他受法律保护的秘密的要求。

2. 俄罗斯联邦组建以下信息系统，以保障学生参加基础和中等普通教育大纲国家结业考试及中等职业教育和高等教育招生：

（1）为学生参加基础和中等普通教育大纲国家结业考试提供保障的联邦信息系统（以下简称：联邦信息系统）；

（2）为掌握基础和中等普通教育大纲的学生接受国家结业考试提供保障的地区信息系统（以下简称：地区信息系统）。

3. 联邦信息系统和地区信息系统的设立和维护由相应的行使教育检查（监督）职能的联邦权力执行机关和负责教育管理的联邦主体权力执行机关组织实施。

4. 联邦信息系统和地区信息系统的设立和维护程序（包括系统包含的资料，有权向上述系统上传资料的机关和组织清单，资料上传的程序，资料保管、整理、使用的程序，保管期限，安保程序，信息系统间互联互通的保障程序）由俄罗斯联邦政府确定。相应机关和组织根据俄罗斯联邦有关公民个人信息的法律规定，对收到的参加俄罗斯联邦国家结业考试、中等职业教育和高等教育招生、国家统一考试、高等教育组织入学考试的人员信息进行整理、传送和提交。

5. 为在国家认证方面提供信息保障，俄罗斯联邦设立国家信息系统"实施国家认证的教育大纲的组织清单"，并由行使教育检查（监督）职能的联邦权力执行机关保障其运行。经俄罗斯联邦权力机关授权的实施教育活动国家认证的联邦主体权力执行机关，可以向上述信息系统录入有关教育活动国家认证的资料。国家信息系统"实施国家认证的教育大纲的组织清单"包含的资料具有公开性和可访问性，但俄罗斯法律规定的涉及国家或职务机密的信息受到访问限制。

6. "实施国家认证的教育大纲的组织清单"联邦信息系统的设立和运行程序，包括其包含的资料目录、信息访问程序，由俄罗斯联邦政府确定。

7. 为了保障教育领域的国家监督及其结果核查按照国家的统一要求实施，由行使教育检查（监督）职能的联邦权力执行机关设立国家教育监督信息系统，并对后者进行维护。经联邦权力机关授权，行使教育检查（监督）职能的俄罗斯联邦主体权力执行机关，可以向上述信息系统录入有关教育监管行动的信息。

8. 国家教育监督信息系统的设立和运行程序，包括其包含的资料目录、信息访问程序，由俄罗斯联邦政府确定。

9. 为保障教育机构颁发的教育或职业资格证书以及培训证书的信息核查，由行使教育检查（监督）职能的联邦权力执行机关设立"教育或职业资格证书、培训证书联邦信息清单"信息系统录入信息，并负责其运行。负责教育监管的联邦权力机关、联邦主体权力执行机关、地方自治机关和教育机构通过"教育或职业资格证书、培训证书联邦信息清单"信息系统向行使教育检查（监督）职能的联邦权力执行机关提交相关资料。

10. "教育或职业资格证书、培训证书联邦信息清单"系统的录入资料目录、系统设立和运行的程序（包括信息访问程序）、资料录入程序和期限等，由俄罗斯联邦政府确定。

11. 行使教育检查（监督）职能的联邦权力执行机关设立并维护"教育或职业资格证书官方签字联邦清单"信息系统。经俄罗斯联邦授权，具有教育或职业资格证书批准权限的联邦主体权力机关通过

"教育或职业资格证书官方签字联邦清单"信息系统向行使教育检查（监督）职能的联邦权力执行机关提交相关资料。上述机关有权使用包含在该联邦信息系统内的资料。

12. "教育或职业资格证书官方签字联邦清单"信息系统的录入资料目录、系统设立和运行的程序由俄罗斯联邦政府确定。

# 第十三章　教育领域的经济活动和财政保障

**第九十九条**　国家和市政教育服务财政保障的特殊性

1. 俄罗斯联邦国家和市政教育服务的财政保障依据俄罗斯联邦法律进行，并应考虑到本联邦法律规定的具体情况。

2. 俄罗斯联邦主体国家权力机关根据本联邦法律第八条第 1 款第 3 项的规定，确定国家和市政教育服务的标准支出。如果本条法律对学生人均收费无其他规定，在考虑到教育形式、联邦国家要求（如有）、教育组织类型、实施教育大纲的网络形式、教育技术、健康状况受限学生接受教育的特殊条件、教育工作者的补充职业教育、教学条件安全保障、学生保健以及本联邦法律对组织和实施教育活动（针对不同种类学生）的其他规定后，国家和市政教育服务的标准支出按照各教育水平的联邦国家教育标准和不同形式/培养方向的教育大纲确定。

3. 国家和市政教育服务的标准支出包括支付给教育工作者的工资，用以保障其完成教学和其他工作，且不应少于根据俄罗斯联邦总统、俄罗斯联邦政府、联邦主体国家权力机关和地方自治机关的决定确定的教育工作者的平均工资。根据本联邦法律第八条第 1 款第 3 项的规定，被联邦主体国家权力机关列入标准支出范围的市立普通教育组织，其教育工作者的工资不应低于该组织所在联邦主体的平均工资。

4. 对于实施普通教育大纲的小型教育组织和位于农村的教育组织，其提供教育领域中国家和市政教育服务的标准支出中，用于实施教学活动的支出不应取决于学生数量。俄罗斯联邦主体国家权力机关将根据教育组织的偏远程度、交通便利性或学生数量，确定实施普通教育大纲的教育组织是否为小型教育组织。

5. 实施普通教育大纲的私立教育组织由联邦主体预算拨款补贴予以财政保障，补贴参照联邦主体国家权力机关根据本联邦法律第八条第 1 款第 3 项中规定的标准核算。实施职业教育大纲的私立教育组织由联邦预算、联邦主体预算和地方预算拨款补贴予以财政保障，补贴参照国家和市政教育服务的标准支出进行核算。

**第一百条** 联邦预算、联邦主体预算和地方预算拨款支持的招生控制数字

1. 联邦预算、联邦主体预算和地方预算拨款支持的学习经国家认证的中等职业教育大纲和高等教育大纲的学生数量，是在联邦预算、联邦主体预算和地方预算拨款支持的各职业、专业和培养方向的招生控制数字的基础上确定的（以下简称：招生控制数字）。

2. 联邦预算拨款应确保为居住在俄罗斯联邦境内年龄在十七至三十岁间的每一万人提供不少于八百个学习经国家认证的高等教育大纲的名额。

3. 招生控制数字按照公开竞赛的结果分配，并由实施经国家认证的中等职业教育大纲和高等教育大纲的组织确认落实。

4. 实施经国家认证的中等职业教育大纲和高等教育大纲的组织落实招生控制数字的程序应获以下部门批准：

（1）依靠联邦预算拨款的，由俄罗斯联邦政府批准；

（2）依靠联邦主体预算拨款的，由俄罗斯联邦主体权力执行机关批准；

（3）依靠地方预算拨款的，由地方自治机关批准。

5. 实施职业教育大纲的组织有权在其规定的招生控制数字内，按照本联邦法律第五十六条规定的程序进行定向招生。

**第一百零一条　依靠自然人和法人资金支持的教育活动**

1. 教育机构有权按照有偿教育服务合同的内容，依靠自然人或法人资金从事教育活动。

2. 有偿教育服务不能替代联邦预算、联邦主体预算和地方预算拨款提供财政保障的教育活动。教育机构提供有偿服务时收到的资金将被返还给购买上述服务的人员。

3. 联邦预算、联邦主体预算和地方预算拨款支持的教育机构，在提供相同服务的相同条件下，有权使用自然人或法人提供的资金，实施国家、市政任务或津贴补偿协议未规定的教育活动。

**第一百零二条　教育组织的财产**

1. 教育组织应拥有保障其教育活动和组织章程规定的其他活动实施的必需的私有财产或其他合法财产。

2. 国立和市立教育组织中具有管理权或使用权的教学、生产和社会基础设施（包括教学、生产、社会和文化建筑内的住房、宿舍）、医院及其他设施，不得将其进行私有化处理。

3. 教育组织注销时，在保障债权人权益后，教育组织的财产根据其章程的规定将用于教育事业发展。

**第一百零三条　高等教育组织建立经营单位和经济伙伴关系，进行智力活动成果实践应用（推广）**

1. 高等教育组织作为预算领用单位和自治机构，在获得制定国家科学技术活动政策和法规的联邦权力执行机关的通知后，即使没有本组织财产所有者的同意，仍有权作为经营单位和经济伙伴关系建立者（包括与其他人员共同创立），将其智力活动成果［电子计算机项目、数据库、创新发明、实用新型研究、工业品外观设计、育种成果、造型成果、微电路集成技术、生产秘决（生产技术），上述成果专有权属于上述组织（包括其他创立者）］用于实践（推广）。同时，建立经营单位或经济伙伴关系的通知应当自经营单位或经济伙伴关系注册登记到国家法人统一记录清单之日起七日内，发给本款法律中涉及的高等教育组织。

2. 本条第1款法律中涉及的高等教育组织作为经营单位注册资本和经济伙伴关系联合资本的提供者，有权使用智力活动的成果［电子计算机项目、数据库、创新发明、实用新型研究、工业品外观设计、育种成果、造型成果、微电路集成技术、生产秘决（生产技术），此类技术专有权属于上述组织（包括其他创立者）］。根据许可协议，作为经营单位注册资本或经济伙伴关系联合资本引入的技术专有权的货币估值，由经营单位唯一创始人（创始人大会）或经济伙伴关系参与者取得的一致决定确立。如果教育组织提供的技术专有权（作为经营单位注册资本或经济伙伴关系联合资本）的股份或股票的名义价值（或其增长值）超过50万卢布，应由独立评估人对其进行评估。

3. 按照俄罗斯联邦民事法规规定的程序，本条第1款中涉及的高等教育组织管理的资金、设施和其他财产，可作为经营单位注册资本和经济伙伴关系联合资本使用。

4. 本条第1款中涉及的高等教育组织有权吸纳其他人员作为经营单位或经济伙伴关系的创始人（参与者）。

5. 高等教育组织作为预算领用单位，只有在提前获得相应所有者的同意后，方可以物主身份支配作为经营单位注册资本和经济伙伴关系联合资本的股份或股票。上述高等教育组织按照俄罗斯联邦民事法规规定的程序，作为经营单位或经济伙伴关系的参与者管理股份或股票。上述经营单位或经济伙伴关系参与者的权力由上述教育组织的领导代为行使。

6. 本条第 1 款中的高等教育组织作为经营单位和经济伙伴关系的创始人（参与者），可以独立支配从股份或股票中获得的收益。

**第一百零四条　教育贷款**

1. 教育贷款由银行和其他信贷机构有针对性地提供给已经进入教育机构学习相应教育大纲的公民。

2. 教育贷款可用于支付教育机构的学费，包括全部或部分教育成本（基础教育贷款），并（或）支付就读期间住宿费、伙食费、教材费和其他日常花销（附加教育贷款）。

3. 俄罗斯联邦为接受基础职业教育的公民提供国家教育贷款支持。

4. 提供国家教育贷款的条件、金额和程序由俄罗斯联邦政府确定。

# 第十四章　国际教育合作

**第一百零五条　国际教育合作的形式和方向**

1. 实施国际教育合作的目的是：

（1）增加俄罗斯联邦公民、外国公民和无国籍人员受教育的途径和机会；

（2）协调俄罗斯联邦同其他国家和国际组织的教育合作；

（3）完善国际和国内教育发展机制。

2. 俄罗斯联邦发展本国与国外教育组织的合作，促进学生、教育工作者、科研人员和教育体系其他人员的国际学术交流，吸引外国公民到俄罗斯联邦的教育组织学习，确保教育或职业技能水平相互认证，遵照俄罗斯联邦国际公约参与各国际教育组织的活动。俄罗斯联邦国家权力机关和联邦主体国家权力机关按照俄罗斯联邦法律规定的程序，在其职权范围内同国际组织、外国国家机关和外国非政府组织开展教育领域的相互合作。

3. 教育体系内各组织以俄罗斯联邦法律规定的与外国机构和公民签订教育协议的形式，以及本联邦法律和其他联邦规范性文件规定的其他形式，参与国际教育领域合作。主要包括：

（1）与国际或外国组织合作，制定并实施教育大纲和教育领域科学方案；

（2）派遣俄罗斯教育组织的学生、教育工作者和科研人员到外国教育组织学习，并向其提供国外学习期间的专项奖学金；接收外国学生、教育工作者和科研人员到俄罗斯教育组织接受教育，以此促进人员学习，提高职业技能，完善科学和教育活动，包括国际学术交流活动；

（3）进行联合科学研究，从事教育领域的基础和应用研究活动，共同实施创新活动；

（4）参与实施网络形式的教育大纲；

（5）参与国际组织的活动，实施国际教育、科研和科技计划，出席或独立组织实施教育和科研会议（即国际会议、研讨会、学术会议、讲习班等），在双边和多边基础上交流教学－科研文献。

**第一百零六条　教育或职业资格证书认证**

1. 为确保国外组织和机构承认俄罗斯联邦教育组织颁发的教育或职业资格证书的法律效力，需对其进行认证。对教育或职业资格证书的认证按照俄罗斯联邦国际条约或联邦规范性法律文件执行。

2. 公民以书面申请或向国家和市政服务网站提交电子文件的形式申请教育或职业资格证书的认证，之后由经俄罗斯联邦授权的联邦主体权力执行机关在证书上加盖认证签章。

3. 教育或职业资格证书认证的程序由俄罗斯联邦政府规定。

4. 教育或职业资格证书认证需收取规费，其金额和程序由俄罗斯联邦税收法规规定。以本条第2款中的电子文件形式提交的认证申请，可通过相同电子申请途径获得规费缴纳证明。

**第一百零七条　国外教育或职业资格证书的认证**

1. 依据俄罗斯联邦《外国学历或职业资格证书承认与认同国际条约》（以下简称：国际互认条约）和俄罗斯联邦法律的规定，俄罗斯联邦对在外国获得的教育或职业资格证书（以下简称：国外教育或职业资格证书）进行认证。

2. 本联邦法律中的国外教育或职业资格证书认证是对国外教育或职业资格的官方认证，可保障证书持有者在俄罗斯联邦从事教育或职业活动，享有从事学术、职业活动以及国际互认条约或联邦法律规定的其他活动的权利。如果国际互认条约无其他规定，俄罗斯联邦认证的国外教育或职业资格证书的持有者与国内同类证书持有者享有同等权利。

3. 在俄罗斯联邦，不仅国外教育或职业资格的认证受到国际互认条约约束，在俄罗斯联邦政府认证的境内外国教育组织（清单）中获得的相应教育或职业教育以及职业资格也受其约束。外国教育组织进入上述清单的标准和程序由俄罗斯联邦政府确定。

4. 如果国外教育或职业资格不符合本条第3款规定的条件，其教育或职业资格的认证将根据公民提交的书面申请或向国家和市政服务网站提交的电子申请，在对其进行教育或职业资格水平评估、国内外学术或职业权利等效性确认等鉴定的基础上，由行使教育检查（监督）职能的联邦权力执行机关实施。

5. 根据行使教育检查（监督）职能的联邦权力执行机关的鉴定结果，可作出以下决定中的一项：

（1）承认国外教育或职业资格，包括承认在外国接受俄罗斯某一教育大纲的预科学习后，可在俄罗斯联邦继续学习该大纲；

（2）拒绝承认国外教育或职业资格。

6. 行使教育检查（监督）职能的联邦权力执行机关在对国外教育或职业资格进行认证时，会向上述资格证明持有者颁发认证证书。

7. 颁发国外教育或职业资格认证证书及其副本的规费金额和程序，由俄罗斯联邦税收法规确定。

8. 在提交本条第 4 款中，国外教育或职业资格认证电子申请的条件下，可通过相同电子申请途径获得规费缴纳证明。

9. 在提交本条第 4 款中，国外教育或职业资格认证电子申请的条件下，申请人或其委托人必须提交所有必需文件的原件后，才能获得国外教育或职业资格认证证书。

10. 由制定国家教育政策和法规的联邦权力执行机关确定申请国外教育或职业资格认证所需的材料清单、认证的鉴定程序和期限、认证证书的形式及技术要求。

11. 本联邦法律第十一条第 10 款中提及的高等教育组织，有权不按照本条第 3 款规定的认证程序，而是独立自主地进行国外教育或职业资格认证，组织招生工作，接收具有国外教育证书的人员入校从事职业活动。上述高等教育组织应向国家信息中心提交由其自主制定的国外教育或职业资格认证的相关信息（本条第 14 款规定）。

12. 经俄罗斯联邦认证的国外教育或职业资格证书的持有者仍须遵照俄罗斯联邦法律规定的教育组织招生或就业要求。

13. 如果俄罗斯联邦国际条约无其他规定，经俄罗斯联邦认证的国外教育或职业资格证书须按照俄罗斯联邦法律的规定取得合法地位，并译成俄文。

14. 国家信息中心为经俄罗斯联邦认证的国外教育或职业资格提供信息支持，这一职能由俄罗斯联邦政府授权的组织执行。

15. 根据俄罗斯联邦国际条约和俄罗斯联邦法律的规定，国家信息中心的职能为：

（1）为公民提供国外教育或职业资格认证相关问题的免费咨询服务；

（2）将以下内容上传至其官方网站：

a）对俄罗斯联邦规定的教育形式、教育水平、职业清单、专业和培养方向及其对应技能名称的描述；

b）对俄罗斯联邦现有的或苏联时期颁发的教育或职业资格证书样本的描述；

c）国际互认条约的资料，包括俄罗斯联邦承认的国外教育或职业资格证书的清单和样本；

d）按照本条第 3 款的规定，确定受俄罗斯联邦承认的外国教育组织清单及其颁发的证书清单和样本；

e）本法第十一条第 10 款中各高等教育组织对国外教育或职业资格认证程序的相关资料。

# 第十五章　最终条款

**第一百零八条　最终条款**

1. 俄罗斯联邦在本联邦法律生效日期之前规定的教育水平（学历）等同于本联邦法律按以下顺序规定的教育水平：

（1）中等（完全）普通教育——中等普通教育；

（2）初等职业教育——按照技术工人和职员培训大纲实施的中等职业教育；

（3）中等职业教育——按照中级专业人员培训大纲实施的中等职业教育；

（4）高等职业教育（学士）——高等教育（学士）；

（5）高等职业教育（专家或硕士）——高等教育（专家或硕士）；

（6）研究生院（研究机构）中的继续（大学后）职业教育——高等教育〔研究生院（研究机构）中按照科教人员培养大纲培养高水平人员〕；

（7）医学研究生部中的继续（大学后）职业教育——高等教育（按照临床住院医生培养大纲培养高水平人员）；

（8）助教－进修生大学后职业教育——高等教育（按照助教－进修生培养大纲培养高水平人员）。

2. 俄罗斯联邦在本联邦法律生效日期之前实施的教育大纲，与本联邦法律规定的教育大纲名称对应情况如下：

（1）学前教育基础大纲——学前教育大纲；

（2）初等普通教育基础大纲——初等普通教育大纲；

（3）基础普通教育基础大纲——基础普通教育大纲；

（4）中等（完全）普通教育基础大纲——中等普通教育大纲；

（5）初等职业教育基础大纲——技能工人（职员）培养大纲；

（6）中等职业教育基础大纲——中级专家培养大纲；

（7）高等职业教育大纲（学士学位大纲）——学士学位大纲；

（8）高等职业教育大纲（专家培养大纲）——专家培养大纲；

（9）高等职业教育大纲（硕士学位大纲）——硕士学位大纲；

（10）研究生院（研究机构）中的大学后职业教育大纲——研究生院（研究机构）科教人员培养大纲；

（11）医学研究生部中的大学后职业教育大纲——临床住院医生培养大纲；

（12）助教－研究生部中的大学后职业教育大纲——助教－进修生培养大纲；

（13）职业培训教育大纲——工人和职员岗位培训大纲；

（14）普通继续教育大纲——补充普通教育大纲；

（15）职业前补充艺术教育大纲——职业前补充艺术教育大纲；

（16）继续职业教育大纲——补充职业大纲。

3. 本联邦法律生效之前学习本联邦法律中未规定的教育大纲的学生（实习期接受大学后医学和药学职业教育大纲者除外），被视为学习本条第2款中规定的教育大纲。上述学生应享有和履行本联邦法律规定的相应教育大纲的权利和义务。

4. 实习学生在大学后医学和药学职业教育大纲规定的期限内，按照2011年11月21日第323号联邦法律《俄罗斯联邦公民健康保护准则》的规定接受大纲教育。2016年10月1日起，教育和科研机构禁止接收医学和药学专业学生实习。

5. 依据本联邦法律的规定，教育机构制定组织名称和章程，并在2016年1月1日前按以下要求进行修改：

（1）为身体状况受限学生开办的特殊（矫正）教育机构应改名为普通教育组织；

（2）初等和中等职业教育机构应更名为职业教育组织；

（3）高等职业教育机构应更名为高等教育组织；

（4）儿童补充教育机构应更名为补充教育组织；

（5）补充职业教育（职业技能进修）机构应更名为补充职业教育组织；

（6）为存在行为偏差（社会危险）儿童开办的实施普通教育大纲的特殊教育组织重新命名后，名称中应包含"行为偏差（社会危害）学生特殊教育组织"字样；

（7）为存在行为偏差（社会危险）的儿童开办的实施普通教育大纲和初等职业教育大纲的特殊教育组织重新命名后，名称中应包含"行为偏差（社会危害）学生特殊教育组织"字样。

6. 对教育组织重新命名时，应考虑到其法律组织形式。

7. 教育机构应在本联邦法律生效日期前，在获得教育活动许可证和国家认证证书（补充职业教育大纲认证证书除外）的基础上从事教育活动。

8. 带有补充职业教育大纲国家认证的证明材料，自本联邦法律生效之日起失去效力。

9. 为使教育活动的实施符合本联邦法律，教育组织之前获得的的教育活动许可证和国家认证证书须于2016年1月1日前重新注册。

10. 招聘教育工作者从事教育活动的个体企业主，应于2014年1月1日前取得教育活动许可。如果在规定期限内未取得许可，个体企业主应停止教育工作者的教学活动。

11. 本联邦法律生效前按高等教育组织科教人员教育水平和职务（与要求的教育水平相符）发放的津贴，应包含在本联邦法律生效后的工资（职务工资）中。本联邦法律自生效之日起，截至2012年12月31日，每月用于保障教学工作者订阅出版物和期刊的补偿金应包含在其工资（职务工资）中。

12. 本联邦法律第八十八条第3款中的情形不适用于本联邦法律

生效前发生的教育关系。

13. 截至 2014 年 1 月 1 日

（1）俄罗斯联邦主体国家权力机关在教育领域应行使以下职能。

a）国家保障公民免费接受学前、初等、基础和中等普通教育，以及地方财政预算提供补助的普通教育组织中补充教育的权利。补助包括依据联邦主体法规的相关规定，为初等普通教育大纲的顺利实施而产生的必要的工作人员工资、教材和参考书支出，教具和技术设备支出，耗材和日常开支（地方预算拨款支持的建筑和设施维护费用除外）等。

b）为公民在实施经国家认证的普通教育大纲的私立教育组织中接受学前、初等、基础和中等普通教育提供财政保障，包括依据联邦主体国立教育组织和市立教育组织对教育活动提供财政支持的规定，为初等普通教育大纲的顺利实施而产生的工作人员工资、教材和参考书支出，教具、玩具和技术设备支出，耗材开支等。

（2）市、区地方自治机关在解决地区教育问题的框架内应行使以下职能：

a）除本款法律第 1 项中为教育过程提供财政保障的权力以及俄罗斯联邦主体给相关机关的授权外，根据普通教育大纲提供免费的初等、基础和中等普通教育的权力；

b）为儿童在私立学前教育组织中接受学前教育提供财政保障，包括依据市立教育组织的内部条例规定，为学前教育大纲的顺利实施而产生的工作人员工资、教材和参考书支出，教具、玩具和技术设备支出，耗材开支等。

【14. 2019 年 1 月 1 日前，在招生控制数字内以及成功通过入学测试的条件下，本联邦法律第七十一条规定的接受学士学位大纲和专家培养大纲教育的权利适用于孤儿、无父母照管的弃儿，以及 1995 年 12 月 12 日第 5 号联邦法律《老兵法》第三条第 1 款第 1~4 项规

定的人员（2014 年 2 月 3 日第 11 号联邦法律新增，2014 年 12 月 31 日第 500 号联邦法律、2016 年 3 月 2 日第 46 号联邦法律和 2016 年 6 月 2 日第 165 号联邦法律版本）。】

15. 具有高等职业教育水平且获得《专家毕业证书》的人员，有权在竞争的基础上接受硕士学位教育，这种情况不属于接受第二次高等教育或继续高等教育（2014 年 2 月 3 日第 11 号联邦法律新增）。

【16. 俄罗斯联邦新的联邦主体克里米亚共和国和联邦城市塞瓦斯托波尔市自归入俄罗斯联邦之日起，其教育领域的法律关系由联邦法律《新联邦主体克里米亚共和国和联邦城市塞瓦斯托波尔市归入俄罗斯联邦后教育领域法律调整的特殊性和〈俄罗斯联邦教育法〉修正法案》规定（2014 年 5 月 5 日第 84 号联邦法律新增）。】

**第一百零九条　承认某些苏联法令在俄罗斯联邦境内无效**

1. 1973 年 7 月 19 日第 4536 - 8 号苏联法《关于批准苏联和联盟共和国国民教育立法的基本原则》（《苏联最高苏维埃公报》，1973 年，第 30 号，第 392 条）。

2. 1973 年 12 月 17 日第 5200 - 8 号苏联最高苏维埃主席团法令《苏联和联盟共和国国民教育立法基本原则的生效程序》（《苏联最高苏维埃公报》，1973 年，第 51 号，第 726 条）。

3. 1979 年 8 月 14 日第 577 - 10 号苏联最高苏维埃主席团法令《对苏联和联盟共和国国民教育立法基本原则的补充与修正》（《苏联最高苏维埃公报》，1979 年，第 34 号，第 554 条）。

4. 1979 年 11 月 30 日第 1166 - 10 号苏联法《关于批准苏联最高苏维埃主席团对苏联和联盟共和国卫生保健、国民教育、土地、婚姻家庭、民事诉讼等领域立法原则的补充和修正》（《苏联最高苏维埃公报》，1979 年，第 49 号，第 847 条），以及 1979 年 8 月 14 日苏联最高苏维埃主席团法令《对苏联和联盟共和国国民教育法规的补充与修正》。

5. 1984 年 4 月 12 日第 13 - 11 号苏联最高苏维埃《关于普通中学和职业中学主要改革方向的法令》(《苏联最高苏维埃公报》,1984 年,第 16 号,第 237 条)。

6. 1985 年 11 月 27 日第 3661 - 11 号苏联法《与普通中学和职业中学主要改革方向有关的苏联和联盟共和国国民教育立法原则的补充与修正》(《苏联最高苏维埃公报》,1985 年,第 48 号,第 918 条)。

7. 1985 年 11 月 27 日第 3662 - 11 号苏联法《关于修改与普通中学和职业中学主要改革方向有关的苏联法令以及批准苏联和联盟共和国国民教育立法基本原则的新版本的法令》(《苏联最高苏维埃公报》,1985 年,第 48 号,第 919 条)。

8. 1985 年 12 月 3 日第 3706 - 11 号苏联最高苏维埃主席团《关于苏联和联盟共和国国民教育立法基本原则第 19、21 和 25 条法条适用程序的法令》(《苏联最高苏维埃公报》,1985 年,第 49 号,第 967 条)。

9. 1986 年 5 月 7 日第 4615 - 11 号苏联最高苏维埃主席团法令《关于修改苏联某些法令的法令》(《苏联最高苏维埃公报》,1986 年,第 20 号,第 344 条)。

10. 1991 年 4 月 16 日第 2114 - 1 号苏联法《苏联国家青年政策法》(《苏联人民代表大会公报和苏联最高苏维埃公报》,1991 年,第 19 号,第 533 条)。

11. 1991 年 4 月 16 日第 2115 - 1 号苏联最高苏维埃《关于〈苏联国家青年政策法〉生效的法令》(《苏联人民代表大会公报和苏联最高苏维埃公报》,1991 年,第 19 号,第 534 条)。

**第一百一十条** 承认俄罗斯苏维埃联邦社会主义共和国和俄罗斯联邦某些法令(条例)无效

1. 1974 年 8 月 2 日《俄罗斯苏维埃联邦社会主义共和国国民教育法》(《俄罗斯苏维埃联邦社会主义共和国最高苏维埃公报》，1974 年，第 32 号，第 850 条)。

2. 1974 年 8 月 2 日俄罗斯苏维埃联邦社会主义共和国最高苏维埃《关于俄罗斯苏维埃联邦社会主义共和国国民教育法生效的法令》(《俄罗斯苏维埃联邦社会主义共和国最高苏维埃公报》，1974 年，第 32 号，第 851 条)。

3. 1974 年 9 月 19 日俄罗斯苏维埃联邦社会主义共和国最高苏维埃主席团法令《俄罗斯苏维埃联邦社会主义共和国国民教育法生效的程序》（《俄罗斯苏维埃联邦社会主义共和国最高苏维埃公报》，1974 年，第 39 号，第 1033 条)。

4. 1979 年 10 月 8 日俄罗斯苏维埃联邦社会主义共和国最高苏维埃主席团法令《对俄罗斯苏维埃联邦社会主义共和国国民教育法的补充和修正》（《俄罗斯苏维埃联邦社会主义共和国最高苏维埃公报》，1979 年，第 41 号，第 1029 条)。

5. 1987 年 7 月 7 日俄罗斯苏维埃联邦社会主义共和国法律《对俄罗斯苏维埃联邦社会主义共和国国民教育法的补充和修正》（《俄罗斯苏维埃联邦社会主义共和国最高苏维埃公报》，1987 年，第 29 号，第 1059 条)。

6. 1987 年 7 月 7 日俄罗斯苏维埃联邦社会主义共和国法律《对俄罗斯苏维埃联邦社会主义共和国某些法令的补充和修正》（《俄罗斯苏维埃联邦社会主义共和国最高苏维埃公报》，1987 年，第 29 号，第 1060 条)。

7. 1987 年 7 月 30 日俄罗斯苏维埃联邦社会主义共和国最高苏维埃主席团法令《对俄罗斯苏维埃联邦社会主义共和国某些法令的修改》的第二项（《俄罗斯苏维埃联邦社会主义共和国最高苏维埃公报》，1987 年，第 32 号，第 1145 条)。

8. 1987 年 7 月 30 日俄罗斯苏维埃联邦社会主义共和国最高苏维埃主席团《关于俄罗斯苏维埃联邦社会主义共和国国民教育法第 30、32、34 和 41 条法条适用程序的法令》（《俄罗斯苏维埃联邦社会主义共和国最高苏维埃公报》，1987 年，第 32 号，第 1146 条）。

9. 1992 年 7 月 10 日第 3266 - 1 号俄罗斯联邦法律《俄罗斯联邦教育法》（《俄罗斯联邦人民代表大会和俄罗斯联邦最高委员会公报》，1992 年，第 30 号，第 1797 条）。

10. 1992 年 7 月 10 日第 3267 - 1 号俄罗斯联邦最高委员会《关于俄罗斯联邦教育法生效程序的法令》（《俄罗斯联邦人民代表大会和俄罗斯联邦最高委员会公报》，1992 年，第 30 号，第 1798 条）。

11. 1992 年 10 月 9 日第 3614 - 1 号俄罗斯联邦最高委员会《关于修改〈俄罗斯联邦教育法生效程序的法令〉第 5 项的法令》（《俄罗斯联邦人民代表大会和俄罗斯联邦最高委员会公报》，1992 年，第 43 号，第 2412 条）。

12. 1993 年 2 月 25 日第 4547 - 1 号俄罗斯联邦法律《联邦高等教育管理部门重组法》（《俄罗斯联邦人民代表大会和俄罗斯联邦最高委员会公报》，1993 年，第 10 号，第 369 条）。

13. 1993 年 3 月 3 日第 4605 - 1 号俄罗斯联邦最高共和国委员会《关于〈俄罗斯联邦教育法生效程序法令〉的修改法令》（《俄罗斯联邦人民代表大会和俄罗斯联邦最高委员会公报》，1993 年，第 12 号，第 444 条）。

14. 1993 年 3 月 3 日第 4606 - 1 号俄罗斯联邦最高委员会《关于〈俄罗斯联邦教育法生效程序法令〉的修改法令》（《俄罗斯联邦人民代表大会和俄罗斯联邦最高委员会公报》，1993 年，第 13 号，第 460 条）。

15. 1996 年 1 月 13 日第 12 号联邦法律《〈俄罗斯联邦教育法〉补充和修正法》（俄罗斯联邦立法大会，1996 年，第 3 号，第 150

条）。

16. 1996 年 1 月 22 日第 125 号联邦法律《高等和大学后职业教育》（俄罗斯联邦立法大会，1996 年，第 35 号，第 4135 条）。

17. 1997 年 11 月 16 日第 144 号联邦法律《与〈俄罗斯联邦仲裁法〉和〈俄罗斯联邦仲裁程序法〉有关的联邦法律和其他法令的补充和修正法》（俄罗斯联邦立法大会，1997 年，第 47 号，第 5341 条）。

18. 2000 年 7 月 10 日第 92 号联邦法律《〈高等和大学后职业教育〉补充和修正法》（俄罗斯联邦立法大会，2000 年，第 29 号，第 3001 条）。

19. 2000 年 7 月 20 日第 102 号联邦法律《关于修改和补充〈俄罗斯联邦教育法〉第 16 条的法令》（俄罗斯联邦立法大会，2000 年，第 30 号，第 3120 条）。

20. 2000 年 8 月 7 日第 122 号联邦法律《俄罗斯联邦奖学金和社会补助金额的规定程序》第四条第 5 项和第 16 项（俄罗斯联邦立法大会，2000 年，第 33 号，第 3348 条）。

21. 2002 年 6 月 25 日第 71 号联邦法律《〈俄罗斯联邦教育法〉和〈高等和大学后职业教育〉补充和修正法》（俄罗斯联邦立法大会，2002 年，第 26 号，第 2517 条）。

22. 2002 年 7 月 25 日第 112 号联邦法律《与〈反极端主义法〉有关的联邦法令的补充和修正法》第一条第 8 项（俄罗斯联邦立法大会，2002 年，第 30 号，第 3029 条）。

23. 2003 年 7 月 10 日第 11 号联邦法律《〈俄罗斯联邦教育法〉和〈高等和大学后职业教育〉补充和修正法》（俄罗斯联邦立法大会，2003 年，第 2 号，第 163 条）。

24. 2003 年 1 月 5 日第 41 号联邦法律《关于修改〈高等和大学

后职业教育〉第三十条的法令》（俄罗斯联邦立法大会，2003 年，第 14 号，第 1254 条）。

25. 2003 年 7 月 7 日第 119 号联邦法律《〈俄罗斯联邦最低工资法〉和〈高等和大学后职业教育〉修正法》第二条（俄罗斯联邦立法大会，2003 年，第 28 号，第 2888 条）。

26. 2003 年 7 月 7 日第 123 号联邦法律《关于补充和修改与俄罗斯联邦普通教育机构财政有关的部分法令的法令》第一条第 1 项（俄罗斯联邦立法大会，2003 年，第 28 号，第 2892 条）。

27. 2003 年 12 月 8 日第 169 号联邦法律《关于修改俄罗斯联邦某些法令和宣布废除俄罗斯苏维埃联邦社会主义共和国法令的法令》第十条（俄罗斯联邦立法大会，2003 年，第 20 号，第 4855 条）。

28. 2004 年 3 月 5 日第 9 号联邦法律《关于修改〈俄罗斯联邦教育法〉第 16 条的法令》（俄罗斯联邦立法大会，2004 年，第 10 号，第 8355 条）。

29. 2004 年 6 月 30 日第 61 号联邦法律《关于修改〈俄罗斯联邦教育法〉第 32 条的法令》（俄罗斯联邦立法大会，2004 年，第 27 号，第 2714 条）。

30. 2004 年 8 月 22 日第 122 号联邦法律《关于修改和承认某些与〈《俄罗斯联邦主体立法和执行机关组织原则法》和《俄罗斯联邦地方自治法》补充和修正案〉有关法令失效的法案》第十六条、第七十八条（俄罗斯联邦立法大会，2004 年，第 35 号，第 3607 条）。

31. 2004 年 12 月 29 日第 199 号联邦法律《关于扩大俄罗斯联邦主体权力机关联合管辖权和地方行政主体问题清单的修正法案》（俄罗斯联邦立法大会，2005 年，第 1 号，第 25 条）。

32. 2005 年 4 月 21 日第 35 号联邦法律《〈高等和大学后职业教育法〉修正案》（俄罗斯联邦立法大会，2005 年，第 17 号，第 1481 条）。

33.2005 年 5 月 9 日第 45 号联邦法律《关于修改〈俄罗斯行政违法法典〉和宣布俄罗斯联邦某些法令条例失效的法令》第三条（俄罗斯联邦立法大会，2005 年，第 19 号，第 1752 条）。

34.2005 年 7 月 18 日第 92 号联邦法律《〈俄罗斯联邦教育法〉修正案》（俄罗斯联邦立法大会，2005 年，第 30 号，第 3103 条）。

35.2005 年 7 月 21 日第 100 号联邦法律《〈俄罗斯联邦兵役法〉修正案》第二条和《俄罗斯联邦教育法》第十四条（俄罗斯联邦立法大会，2005 年，第 30 号，第 3111 条）。

36.2005 年 12 月 31 日第 199 号联邦法律《俄罗斯联邦完善分权法修正案》（俄罗斯联邦立法大会，2006 年，第 1 号，第 10 条）。

37.2006 年 3 月 16 日第 42 号联邦法律《关于修改〈俄罗斯联邦教育法〉第十九条的法令》（俄罗斯联邦立法大会，2006 年，第 12 号，第 1235 条）。

38.2006 年 7 月 18 日第 113 号联邦法律《关于修改〈高等职业教育和大学后职业教育法〉第十二条、第二十条的法令》（俄罗斯联邦立法大会，2006 年，第 30 号，第 3289 条）。

39.2006 年 10 月 16 日第 161 号联邦法律《关于修改〈高等职业教育和大学后职业教育法〉第三十条的法令》（俄罗斯联邦立法大会，2006 年，第 43 号，第 4413 条）。

40.2006 年 11 月 3 日第 175 号联邦法律《关于修改〈自治机构法〉和明确国家、市政机构权力的法令》第一条（俄罗斯联邦立法大会，2006 年，第 45 号，第 4627 条）。

41.2006 年 12 月 5 日第 207 号联邦法律《国家支持有子女公民的某些立法的修正法案》第三条（俄罗斯联邦立法大会，2006 年，第 50 号，第 5285 条）。

42.2006 年 12 月 28 日第 242 号联邦法律《关于修改〈俄罗斯联邦教育法〉第十九条的法令》（俄罗斯联邦立法大会，2007 年，第 1

号，第5条）。

43.2006 年 12 月 29 日第 258 号联邦法律《俄罗斯联邦完善分权法修正案》第二条、第十二条（俄罗斯联邦立法大会，2007 年，第 1 号，第 21 条）。

44.2007 年 1 月 6 日第 1 号联邦法律《修改关于保障现役（退役）合同军人接受中等和高等职业教育问题的联邦立法的法令》第一条、第二条（俄罗斯联邦立法大会，2007 年，第 2 号，第 360 条）。

45.2007 年 2 月 5 日第 13 号联邦法律《关于核能领域公司活动和财产管理、处置的修正法令》第九条（俄罗斯联邦立法大会，2007 年，第 7 号，第 834 条）。

46. 2007 年 2 月 9 日第 17 号联邦法律《关于修改〈俄罗斯联邦教育法〉和〈高等和大学后职业教育法〉中有关国家统一考试部分的法令》（俄罗斯联邦立法大会，2007 年，第 7 号，第 838 条）。

47.2007 年 4 月 20 日第 56 号联邦法律《关于修改〈俄罗斯联邦教育法〉、〈高等和大学后职业教育法〉，以及〈俄罗斯联邦完善分权法修正案〉第二条的法令》（俄罗斯联邦立法大会，2007 年，第 17 号，第 1932 条）。

48.2007 年 6 月 26 日第 118 号联邦法律《关于修改俄罗斯联邦法律使之符合俄罗斯联邦土地法典的决定》第五条（俄罗斯联邦立法大会，2007 年，第 27 号，第 3213 条）。

49.2007 年 6 月 30 日第 120 号联邦法律《涉及健康受限公民有关法规的修改法案》第一条（俄罗斯联邦立法大会，2007 年，第 27 号，第 3215 条）。

50.2007 年 7 月 13 日第 131 号联邦法律《关于修改〈最低工资法〉第三条和〈高等和大学后职业教育法〉第十六条的法令》第二

条（俄罗斯联邦立法大会，2007 年，第 29 号，第 3484 条）。

51. 2007 年 7 月 21 日第 194 号联邦法律《涉及普通教育义务问题相关法规的修改法案》第一条（俄罗斯联邦立法大会，2007 年，第 30 号，第 3408 条）。

52. 2007 年 10 月 18 日第 230 号联邦法律《俄罗斯联邦完善分权法修正案》第二条（俄罗斯联邦立法大会，2007 年，第 43 号，第 5084 条）。

53. 2007 年 10 月 24 日第 232 号联邦法律《关于修改俄罗斯联邦某些法规（高等职业教育水平设置方面）的决定》第一条、第二条（俄罗斯联邦立法大会，2007 年，第 44 号，第 5280 条）。

54. 2007 年 12 月 1 日第 307 号联邦法律《关于修改某些联邦法律以提供雇主联合会参与国家职业教育政策制定和实施权力的法令》第一条、第二条（俄罗斯联邦立法大会，2007 年，第 49 号，第 6068 条）。

55. 2007 年 12 月 1 日第 308 号联邦法律《关于修改教育和科学融合问题相关法规的法令》第一条、第二条（俄罗斯联邦立法大会，2007 年，第 49 号，第 6069 条）。

56. 2007 年 12 月 1 日第 309 号联邦法律《关于修改国家教育标准的概念和结构的法令》第一条、第五条、第十四条、第十五条和第十七条（俄罗斯联邦立法大会，2007 年，第 49 号，第 6070 条）。

57. 2007 年 12 月 1 日第 313 号联邦法律《关于修改某些联邦法律的法令》第一条、第二条（俄罗斯联邦立法大会，2007 年，第 49 号，第 6074 条）。

58. 2008 年 2 月 28 日第 14 号联邦法律《关于与许可和认证宗教教育机构有关的联邦法律的修订法令》第一条（俄罗斯联邦立法大会，2008 年，第 9 号，第 813 条）。

59. 2008 年 4 月 24 日第 50 号联邦法律《关于修改〈俄罗斯联邦教育法〉第五十三条和〈高等和大学后职业教育〉第二十条的法令》（俄罗斯联邦立法大会，2008 年，第 17 号，第 1757 条）。

60. 2008 年 7 月 15 日第 119 号联邦法律《关于修改〈最低工资法〉第三条和〈高等和大学后职业教育法〉第十六条的法令》第二条（俄罗斯联邦立法大会，2008 年，第 29 号，第 3419 条）。

61. 2008 年 7 月 23 日第 160 号联邦法律《关于修改俄罗斯联邦政府权力落实情况相关法规的法令》第七条、第四十一条（俄罗斯联邦立法大会，2008 年，第 30 号，第 3616 条）。

62. 2008 年 10 月 27 日第 180 号联邦法律《关于修改〈俄罗斯联邦教育法〉第二十六条的法令》（俄罗斯联邦立法大会，2008 年，第 44 号，第 4986 条）。

63. 2008 年 12 月 25 日第 281 号联邦法律《关于修改某些联邦法律的法令》第三条、第十条（俄罗斯联邦立法大会，2008 年，第 52 号，第 6236 条）。

64. 2008 年 12 月 25 日第 286 号联邦法律《关于修改〈俄罗斯联邦教育法〉第三十九条和〈高等和大学后职业教育〉第二十七条的法令》（俄罗斯联邦立法大会，2008 年，第 52 号，第 6241 条）。

65. 2009 年 2 月 10 日第 18 号联邦法律《关于修改联邦大学活动相关法规的法令》第一条、第二条、第五条（俄罗斯联邦立法大会，2009 年，第 7 号，第 786 条）。

66. 2009 年 2 月 13 日第 19 号联邦法律《关于修改〈俄罗斯联邦教育法〉第十六条和〈高等和大学后职业教育法〉第十一条的法令》（俄罗斯联邦立法大会，2009 年，第 7 号，第 787 条）。

67. 2009 年 7 月 17 日第 148 号联邦法律《俄罗斯联邦教育法修正法令》（俄罗斯联邦立法大会，2009 年，第 29 号，第 3585 条）。

68. 2009 年 7 月 18 日第 184 号联邦法律《关于修改教育机构奖学金和教育过程组织实施问题相关法规的法令》（俄罗斯联邦立法大会，2009 年，第 29 号，第 3621 条）。

69. 2009 年 8 月 2 日第 217 号联邦法律《关于修改科学教育机构经济活动预算设置的相关法规，以加强知识成果应用（推广）的法令》第二条（俄罗斯联邦立法大会，2009 年，第 31 号，第 3923 条）。

70. 2009 年 11 月 10 日第 260 号联邦法律《关于修改莫斯科国立莱蒙诺索夫大学和圣彼得堡国立大学相关法规的法令》第一条、第二条、第六条和第八条第 2 款（俄罗斯联邦立法大会，2009 年，第 46 号，第 5419 条）。

71. 2009 年 12 月 17 日第 321 号联邦法律《关于修改〈俄罗斯联邦教育法〉第三十九条和〈高等和大学后职业教育法〉第二十七条的法令》（俄罗斯联邦立法大会，2009 年，第 51 号，第 6158 条）。

72. 2009 年 12 月 21 日第 329 号联邦法律《关于修改〈俄罗斯联邦教育法〉第五十条和〈高等和大学后职业教育法〉第十六条的法令》（俄罗斯联邦立法大会，2009 年，第 52 号，第 6405 条）。

73. 2009 年 12 月 21 日第 333 号联邦法律《关于修改〈高等和大学后职业教育法〉第八条、第二十四条的法令》（俄罗斯联邦立法大会，2009 年，第 52 号，第 6409 条）。

74. 2009 年 12 月 27 日第 365 号联邦法律《关于修改俄罗斯联邦主体权力机关和地方自治权力机关职能完善方面相关法规的法令》第二条（俄罗斯联邦立法大会，2009 年，第 52 号，第 6441 条）。

75. 2010 年 5 月 8 日第 83 号联邦法律《关于修改国立（市立）机构法律地位相关法规的法令》第三条、第十条（俄罗斯联邦立法大会，2010 年，第 19 号，第 2291 条）。

76. 2010 年 6 月 17 日第 121 号联邦法律《关于修改〈俄罗斯联

邦教育法〉第二十九条的法令》（俄罗斯联邦立法大会，2010 年，第 25 号，第 3072 条）。

77. 2010 年 7 月 27 日第 198 号联邦法律《关于修改〈高等和大学后职业教育法〉和〈国家科学和科技政策法〉的法令》第一条（俄罗斯联邦立法大会，2010 年，第 31 号，第 4167 条）。

78. 2010 年 7 月 27 日第 215 号联邦法律《关于修改〈俄罗斯联邦教育法〉第五十五条的法令》（俄罗斯联邦立法大会，2010 年，第 31 号，第 4184 条）。

79. 2010 年 9 月 28 日第 243 号联邦法律《关于修改与立法通过〈斯科尔科沃创新中心法〉有关的法律的法令》第一条（俄罗斯联邦立法大会，2010 年，第 40 号，第 4969 条）。

80. 2010 年 11 月 8 日第 293 号联邦法律《关于修改教育监督检查职能强化和国家教育服务优化相关法规的法令》第一条、第三条（俄罗斯联邦立法大会，2010 年，第 46 号，第 5918 条）。

81. 2010 年 12 月 8 日第 337 号联邦法律《关于修改〈俄罗斯联邦教育法〉第四十一条的法令》（俄罗斯联邦立法大会，2010 年，第 50 号，第 6595 条）。

82. 2010 年 12 月 28 日第 426 号联邦法律《关于修改〈高等和大学后职业教育法〉第十一条的法令》（俄罗斯联邦立法大会，2011 年，第 1 号，第 38 条）。

83. 2010 年 12 月 28 日第 428 号联邦法律《关于修改大学生团体运动发展的相关法规的法令》第一条（俄罗斯联邦立法大会，2011 年，第 1 号，第 40 条）。

84. 2010 年 12 月 29 日第 439 号联邦法律《关于修改〈俄罗斯联邦教育法〉第 52.2 条、第 55 条的法令》（俄罗斯联邦立法大会，2011 年，第 1 号，第 51 条）。

85. 2011 年 2 月 2 日第 2 号联邦法律《关于修改〈俄罗斯联邦教

育法〉和〈高等和大学后职业教育法〉第十一条、第二十四条关于完善国家统一考试部分的法令》（俄罗斯联邦立法大会，2011 年，第 6 号，第 793 条）。

86. 2011 年 7 月 3 日第 121 号联邦法律《关于修改〈俄罗斯联邦教育法〉的法令》（俄罗斯联邦立法大会，2011 年，第 23 号，第 3261 条）。

87. 2011 年 7 月 16 日第 144 号联邦法律《关于修改〈俄罗斯联邦教育法〉和〈高等和大学后职业教育法〉的法令》（俄罗斯联邦立法大会，2011 年，第 25 号，第 3537 条）。

88. 2011 年 6 月 17 日第 145 号联邦法律《关于修改〈俄罗斯联邦教育法〉的法令》（俄罗斯联邦立法大会，2011 年，第 25 号，第 3538 条）。

89. 2011 年 6 月 27 日第 160 号联邦法律《关于修改〈俄罗斯联邦教育法〉的法令》（俄罗斯联邦立法大会，2011 年，第 27 号，第 3871 条）。

90. 2011 年 7 月 1 日第 169 号联邦法律《关于修改某些联邦法律的法令》第五条（俄罗斯联邦立法大会，2011 年，第 27 号，第 3880 条）。

91. 2011 年 7 月 18 日第 242 号联邦法律《关于修改与完善国家控制（监督）和市政管理问题相关的法规的法令》第三条、第十九条（俄罗斯联邦立法大会，2011 年，第 30 号，第 4590 条）。

92. 2011 年 10 月 6 日第 271 号联邦法律《关于修改〈高等和大学后职业教育法〉第十八条的法令》（俄罗斯联邦立法大会，2011 年，第 41 号，第 5636 条）。

93. 2011 年 11 月 6 日第 290 号联邦法律《关于修改〈高等和大学后职业教育法〉第十二条有关高等职业教育组织中董事会活动方面的法令》（俄罗斯联邦立法大会，2011 年，第 45 号，第 6320 条）。

94. 2011 年 11 月 8 日第 310 号联邦法律《关于修改〈俄罗斯联邦教育法〉第十六条、第三十一条保障市政教育机构土地可用的法令》（俄罗斯联邦立法大会，2011 年，第 46 号，第 6408 条）。

95. 2011 年 11 月 16 日第 318 号联邦法律《关于修改国家认证的中等和高等职业教育机构中依靠各级财政预算支持的拟招生名额的相关法规的法令》第二条、第七条（俄罗斯联邦立法大会，2011 年，第 47 号，第 6608 条）。

96. 2011 年 11 月 21 日第 326 号联邦法律《关于修改与立法通过〈俄罗斯联邦免费法律援助法〉有关的法律的法令》第三条（俄罗斯联邦立法大会，2011 年，第 48 号，第 6727 条）。

97. 2011 年 12 月 3 日第 383 号联邦法律《关于修改某些联邦法律的法令》第一条（俄罗斯联邦立法大会，2011 年，第 49 号，第 7061 条）。

98. 2011 年 12 月 3 日第 384 号联邦法律《关于修改〈联邦体育文化法〉和〈高等和大学后职业教育法〉第十六条的法令》第二条（俄罗斯联邦立法大会，2011 年，第 49 号，第 7062 条）。

99. 2011 年 12 月 3 日第 385 号联邦法律《关于修改某些联邦法律中完善教育证书、学位和职称认证程序方面问题的法令》第一条、第二条（俄罗斯联邦立法大会，2011 年，第 49 号，第 7063 条）。

100. 2012 年 2 月 28 日第 10 号联邦法律《关于修改〈俄罗斯联邦教育法〉和〈俄罗斯联邦主体国家立法（代表）机关和权力执行机关一般原则〉第二十六条的法令》第一条（俄罗斯联邦立法大会，2012 年，第 10 号，第 1158 条）。

101. 2012 年 2 月 28 日第 11 号联邦法律《关于修改〈俄罗斯联邦教育法〉有关电子教学和远程学习技术问题的法令》（俄罗斯联邦立法大会，2012 年，第 10 号，第 1159 条）。

102. 2012 年 4 月 1 日第 25 号联邦法律《关于修改某些联邦法律的法

令》第一条（俄罗斯联邦立法大会，2012 年，第 14 号，第 1551 条）。

103. 2012 年 7 月 10 日第 111 号联邦法律《关于修改〈俄罗斯联邦教育法〉的法令》（俄罗斯联邦立法大会，2012 年，第 29 号，第 3991 条）。

104. 2012 年 11 月 12 日第 185 号联邦法律《关于修改〈外国公民在俄罗斯联邦的法律地位〉第 13.1 条和〈俄罗斯联邦教育法〉第 27.2 条的法令》第二条（俄罗斯联邦立法大会，2012 年，第 47 号，第 6396 条）。

**第一百一十一条　本联邦法律的生效程序**

1. 本联邦法律自 2013 年 9 月 1 日起生效。本联邦法律中规定其他生效日期的条款除外。

2. 本联邦法律第八条第 1 款第 3 项、第 6 项，第九条第 1 款第 1 项自 2014 年 1 月 1 日起生效。

3. 本联邦法律第一百零八条第 6 款自本联邦法律公布之日起生效。

4. 本条无其他规定，中等职业教育大纲自本联邦法律公布之日起公开招生。对创新能力、身体或心理素质有具体要求的某些中等职业教育大纲职业和专业，应按照制定国家教育政策和法规的联邦权力执行机关规定的招生程序举办入学测试。如果出现报考人数超出联邦预算、俄罗斯联邦主体预算和地方预算拨款支持名额的情况，进行中等职业教育大纲招生的教育组织应参考报考者提交的基础或中等普通教育阶段的教育证书进行决定。

5. 自本联邦法律生效之日起，俄罗斯联邦总统、俄罗斯联邦政府、联邦权力执行机关、联邦主体国家权力机关和地方自治机关颁布的关于教育关系调整的规范性法律文件，在不违反本联邦法律或俄罗斯联邦已颁布的规范性法律文件的前提下仍然适用。

6. 在本联邦法律生效前，由俄罗斯联邦总统、俄罗斯联邦政府颁布的关于本联邦法律可以调整的问题的规范性法律文件，只在相应联邦法律生效之日前有效。

俄罗斯联邦总统　弗拉基米尔·普京

莫斯科，克里姆林宫

2012 年 12 月 29 日

第 273 号联邦法律

# 《俄罗斯联邦教育法（2012）》修改条文

**2013 年 5 月 7 日** 第 99 号联邦法律（2013 年 12 月 28 日修订）《关于修改与〈欧洲委员会个人数据保护公约〉和〈个人数据保护法〉有关的某些条款的法令》中第十四条规定：2012 年 12 月 29 日第 273 号联邦法律《俄罗斯联邦教育法》第九十八条第 4 款修订如下：联邦信息系统和地区信息系统的设立和维护程序（包括操作上述系统的组织和机构的清单、上述信息系统包含的内容、有权向上述系统上传资料的组织和机构的清单、上传资料处理的程序和安全保障程序、上述信息系统互联互通的保障程序）由俄罗斯联邦政府确定。

**2013 年 6 月 7 日** 第 120 号联邦法律《关于对防止非法滥用麻醉药品和精神药物的法律的修订》第四条：2012 年 12 月 29 日第 273 号联邦法律《俄罗斯联邦教育法》第二十八条第 3 款补充第 15.1 项，内容如下：按照俄罗斯联邦教育与科学部规定的程序，对学生进行社会心理测试，以便早期发现非法滥用麻醉药品和精神药物的情况。

**2013 年 7 月 2 日** 第 170 号联邦法律（2014 年 10 月 30 日修订）《关于对提高军人威望和兵役吸引力的实施措施的法律的修订》第五条对 2012 年 12 月 29 日第 273 号联邦法律《俄罗斯联邦教育法》第五十五条补充第 10 条，内容如下：俄罗斯联邦总统和俄罗斯联邦政府批准的纲要和项目框架内的教育大纲的招生，根据教育法律的规定执行，同时应考虑到上述纲要和项目的具体情况。

**2013 年 7 月 23 日** 第 203 号联邦法律（2014 年 11 月 24 日修订）《关于对〈俄罗斯联邦公民法律地位法〉以及为外国公民和无国

籍人士受教育创造更多有利条件的法规的修订》第五条：2012 年 12 月 29 日第 273 号联邦法律《俄罗斯联邦教育法》第一百一十条第 56 项中，将 "14、15 和 17" 改为 "14 和 15"。

**2013 年 11 月 25 日** 第 317 号联邦法律（2015 年 3 月 8 日修订）《关于修改和承认某些与俄罗斯联邦公民健康问题有关的法条失效的法令》第六十二条对 2012 年 12 月 29 日第 273 号联邦法律《俄罗斯联邦教育法》第四十一条第 3 款中第二句修订如下：教育组织有义务免费向医疗组织提供符合医疗活动实施条件和要求的场所。

**2014 年 2 月 3 日** 第 15 号联邦法律《关于俄罗斯联邦运输安全保障立法的修正案》第十五条：2012 年 12 月 29 日第 273 号联邦法律《俄罗斯联邦教育法》补充第 85.1 条，内容如下。

1. 在运输安全保障人员培养方面，实施以下教育大纲：

（1）职业培训大纲；

（2）补充职业大纲。

2. 培养运输安全保障人员的示范性职业培训大纲和示范性补充职业大纲由制定国家运输领域政策和法规的联邦权力执行机关确定。

3. 运输安全保障人员教育大纲的实施包括理论、模拟训练和实践部分，以确保学生掌握俄罗斯联邦运输安全法律规定的知识技能，保证制定国家运输领域政策和法规的联邦权力执行机关制定的各水平教育大纲中有关人员培养任务、手段、方法等的连续性。

4. 实施运输安全保障人员教育大纲的组织必须有教学训练基地，包括符合培养程序和要求的训练模拟器。

**2014 年 2 月 3 日** 第 11 号联邦法律《关于对〈俄罗斯联邦教育

法〉第一零八条的修订》对 2012 年 12 月 29 日第 273 号联邦法律《俄罗斯联邦教育法》第一零八条进行如下修订。

增加第 14 款，内容如下：2017 年 1 月 1 日前，在招生控制数字内以及成功通过入学测试的条件下，按照本联邦法律第七十一条的规定，接受经国家认证的学士学位大纲和专家培养大纲教育的权利适用于孤儿和无父母照管儿童。

增加第 15 款，内容如下：具有高等职业教育水平且获得《专家毕业证书》的人员，有权在竞争的基础上接受硕士学位教育，这种情况不属于接受第二次高等教育或继续高等教育。

**2014 年 5 月 5 日** 第 84 号联邦法律（2015 年 10 月 27 日修订）《新联邦主体克里米亚共和国和联邦城市塞瓦斯托波尔市归入俄罗斯联邦后教育领域法律调整的特殊性和〈俄罗斯联邦教育法〉修正法案》第八条：修订《俄罗斯联邦教育法》。对 2012 年 12 月 29 日《俄罗斯联邦教育法》修订如下。

第七条第 3 款第 1 项"圣彼得堡"改为"圣彼得堡和塞瓦斯托波尔"。

第九条第 2 款"圣彼得堡"改为"圣彼得堡和塞瓦斯托波尔"。

第一零八条新增第 16 款，内容如下：克里米亚共和国和塞瓦斯托波尔联邦直辖市自并入俄罗斯联邦之日起，其教育领域法律关系调节的具体情况由联邦法律《新联邦主体克里米亚共和国和联邦城市塞瓦斯托波尔市归入俄罗斯联邦后教育领域法律调整的特殊性和〈俄罗斯联邦教育法〉修正法案》确定。

**2014 年 5 月 27 日** 第 135 号联邦法律《关于对〈俄罗斯联邦教育法〉第二十八条和第三十四条的修订》第 1 条对 2012 年 12 月 29 日《俄罗斯联邦教育法》修订如下。

第二十八条第 3 款中，新增第 10.1 项，内容如下：若本联邦法律无其他规定，则按照教育组织规定的形式和条件奖励学生在学术、体育运动、社会、科学、科技、创作、实验和创新活动中取得的成绩。第 11 项中，"教育大纲考核结果归档"改为"教育大纲考核结果和奖励结果归档"。第 17 项中，新增"'特殊学业成绩奖'奖章"字样。

第三十四条新增第 10 款，内容如下：完成中等普通教育大纲学习、顺利通过国家结业考试且教育大纲要求的所有科目最终成绩均为"优秀"的学生，教育组织同时向其颁发"学习成就奖"奖牌。奖牌样式、描述说明和颁发的程序，由制定国家教育政策和法规的联邦权力执行机关确定。

**2014 年 6 月 4 日**  第 148 号联邦法律《关于对〈俄罗斯联邦教育法〉的修订》对 2012 年 12 月 29 日《俄罗斯联邦教育法》修订如下。

1. 认定第二十八条第 3 款第 18 项失去法律效力。

2. 第三十八条内容表述如下。

第三十八条  学生的制服和其他服装

1. 如果本条无其他规定，教育机构有权对学生的衣着提出要求，包括对整体外观、颜色、款式、徽章和着装规范的要求。教育机构在通过相关内部条例时，应考虑到学生委员会、家长委员会、工作人员代表机构和（或）学生代表机构（如有）的意见。

2. 实施初等、基础和中等普通教育大纲的国立和市立教育组织，根据俄罗斯联邦主体权力机关授权部门批准的示范性要求，对其学生的着装作出规范要求。

3. 俄罗斯联邦主体国家权力机关规定情形下的学生着装，由俄罗斯联邦主体预算拨款予以保障。

4. 实施特殊专业和培养方向教育大纲（包括培养国家国防、安全、法治、海关事务、内外海航行、捕鱼船队航行、航空航天等方面人才的大纲）的联邦国立教育组织，以及以培养未成年人参加军事或其他国家服务为目标的实施补充普通教育大纲的普通教育组织和职业教育组织，如果本联邦法律无其他规定，其学生制服的样式、描述、徽章和着装规范，由上述组织的创立者确定。

5. 本条第 4 款所涉各教育组织中的学生制服和其他服装，依照组织创立者确定的规则和程序予以保障。

6. 俄罗斯联邦主体预算拨款支持的学生，其制服和其他服装根据俄罗斯联邦主体国家权力机关规定的情形和程序予以保障；地方预算拨款支持的学生，其制服和其他服装根据地方自治机关规定的情形和程序予以保障。

3. 认定第八十六条第 5 款失去法律效力。

**2014 年 6 月 4 日**　第 145 号联邦法律（2015 年 7 月 13 日修订）《关于对俄罗斯联邦调查委员会军事检察机关和军事调查机关服兵役问题的某些法律的修订》（修改和新增条款于 2015 年 7 月 24 日生效）

第三十四条自 2017 年 1 月 1 日生效。

对 2012 年 12 月 29 日第 273 号联邦法律《俄罗斯联邦教育法》修订如下。

1. 第十二条第 13 款中，"联邦权力执行机关"后新增"和联邦国家机关"。

2. 第三十六条第 5 款中，"俄罗斯联邦内政部"后新增"和联邦国家机关"。

3. 第七十一条第 7 款中，（a）第 9 项中，"联邦权力执行机关中"替换为"联邦权力执行机关和国家联邦机关中";（b）第 12 项中，"俄罗斯联邦内务部"后新增"或者联邦国家机关"。

4. 第八十六条第 6 款中，"联邦权力执行机关"后新增"和联邦国家机关"。

**2014 年 6 月 28 日**　第 183 号联邦法律《关于对俄罗斯联邦居民居住指数第一百条和〈俄罗斯联邦教育法〉第三十九条的修订》第二条对 2012 年 12 月 29 日第 273 号联邦法律《俄罗斯联邦教育法》第三十九条表述如下。

第三十九条　学生的住宿保障

1. 设有专门的住宿基金会的中等职业教育组织和高等教育组织，应为有需要的面授学生提供宿舍住宿，并为函授学生在教育组织参加阶段性测试和结业考试期间提供宿舍住宿。

2. 教育机构根据其内部条例规定的程序，向学生提供宿舍住宿。宿舍床位优先向本联邦法律第三十六条第 5 款涉及的学生提供。每一名申请宿舍的学生，均应按照住房相关法律规定的程序签订租房合同。需要宿舍的学生承租后，不得将其用于与本人租住无关的目的。

3. 教育机构根据与宿舍租住学生签订的合同，向后者收取住房使用费（租用费）和公共服务费。

4. 学生宿舍住房使用费（租用费）收取的金额，取决于宿舍的质量、设施、位置和布局。住房使用费（租用费）的金额，由教育组织结合学生委员会和学生代表机构（如有）的意见后，在教育组织内部条例中确定；该金额不应高于教育组织创立者规定的最高金额。

5. 学生租住宿舍的公共服务费计入教育组织住房基金，其全额按照俄罗斯联邦政府规定的程序确定。

6. 教育机构有权降低住房使用费（租用费）和（或）公共服务费，或者在结合学生委员会和学生代表机构（如有）的意见后，不收取某类学生的住房使用费（租用费）和公共服务费用。本联邦法律第三十六条第 5 款中人员的住房使用费（租用费）和公共服务费可以免除。

**2014 年 7 月 21 日**　第 262 号联邦法律《关于对〈俄罗斯联邦教育法〉第八十一条和第八十六条的修订》对 2012 年 12 月 29 日《俄罗斯联邦教育法》修订如下。

1. 第八十一条第 1 款中，"安全保障"后，新增词语，改为"授权解决民防领域问题的安全保障联邦权力执行机关"，"行使以下权限（的联邦权力执行机关）"改为"（和联邦权力执行机关），行使以下权限"。

2. 第八十六条第 6 款中，"其他荣誉勋章获得者的子女"后，新增"内务部门职员的子女，以及内务部门中因达到限制年龄、健康原因、人员编制限制或任职年限在二十年及以上而被解雇的人员的子女"。

**2014 年 7 月 21 日**　第 256 号联邦法律《关于对在文化、社会服务、卫生保健和教育领域提供的服务实施独立评估的某些法律的修订》第六条对 2012 年 12 月 29 日《俄罗斯联邦教育法》修订如下。

1. 第六条第 1 款新增第 13.1 项，内容如下：为教育机构实施独立的教育质量评估创造条件。

2. 第八条第 1 款新增第 12.1 项，内容如下：为教育机构实施独立的教育质量评估创造条件。

3. 第九十五条表述如下。

第九十五条 教育质量独立评估

1. 教育质量独立评估旨在获得有关教育活动、学生培养质量和教育大纲实施的情况。

2. 教育质量独立评估包括：

（1）学生培养质量独立评估；

（2）教育活动质量独立评估。

3. 教育质量独立评估由实施本联邦法律第二条规定的具体类型评估的法人组织进行（以下简称：实施教育质量独立评估的组织）。

4. 实施教育质量独立评估的组织应将评估的实施程序和结果公布在互联网上，并在必要时将上述信息递交给联邦国家权力机关、负责教育管理的俄罗斯联邦主体权力执行机关和地方教育管理机关。

5. 联邦国家权力机关、负责教育管理的俄罗斯联邦主体权力执行机关和地方教育管理机关必须在一个月内对接收的信息进行审查，并在制定改进教育活动的措施时考虑到这些信息。

6. 教育质量独立评估的结果不会导致教育活动许可被暂停或取消，或者实施教育活动的国家认证被赞同或剥夺。

7. 依据教育质量独立评估的结果可以形成教育机构的排名和（或）教育大纲实施情况排名。

4. 新增第95.1条，内容如下。

第95.1条 学生培养质量独立评估

1. 学生培养质量独立评估由教育关系参与者发起，以获得与学生对教育大纲（全部或部分）掌握程度有关的信息。

2. 与学生培养质量独立评估实施有关的教育形式、学生分组和（或）教育大纲（全部或部分），以及评估实施的条件、形式和方法，由实施学生培养质量独立评估的组织确定。

3. 在国际比较教育研究框架内实施的学生培养质量独立评估，应符合俄罗斯、国外和国际组织的标准及要求。

5. 新增第95.2条，内容如下。

第95.2条 教育机构的教育活动质量独立评估

1. 对教育机构的教育活动质量进行独立评估（以下简称：教育活动质量独立评估），可以在信息公开的基础上，为教育关系参与者提供关于教育大纲组织工作和实施情况的信息。

2. 为给教育活动质量独立评估创造实施条件：

（1）制定教育领域国家政策和法规的联邦权力执行机关与社会组织、消费者公共团体（如联合会、协会）（以下简称"公共组织"）组建公共委员会，实施教育活动质量独立评估，批准有关规定；

（2）负责教育管理的俄罗斯联邦主体权力执行机关与公共组织组建公共委员会，对其境内的教育组织实施教育活动质量独立评估，并批准相关规定；

（3）地方自治机关与公共组织有权组建公共委员会，对市政管辖范围内的教育组织实施教育活动质量独立评估，并批准相关规定。

3. 根据制定国家教育政策和法规的联邦权力执行机关、负责教育管理的俄罗斯联邦主体权力执行机关和地方自治机关的决定，可以委托现有公共组织实施教育活动质量独立评估。此种情况下，无须另行组建实施教育活动质量独立评估的公共委员会。

4. 教育活动质量独立评估按照一般标准实施，比如教育机构的信息公开度和可获取性、开展教育活动的舒适条件、工作人员的能力和亲和度、教育活动质量的满意度等。

5. 教育活动质量独立评估一般标准的指标经公共委员会初步讨论后，由制定国家教育政策和法规的联邦权力执行机关确定。

6. 教育活动质量独立评估由公共委员会组织实施，每年不超过一次且至少每三年进行一次。

7. 实施教育活动质量独立评估的公共委员会：

（1）按照本条法律的规定，确定接受教育活动质量独立评估的组织清单；

（2）为收集、整理和分析教育活动质量的组织（以下简称"操作机构"）提供制定操作的建议，参与审查工程和服务采购文件，审核制定国家教育政策和法规的联邦权力执行机关、俄罗斯联邦主体权力执行机关和地方教育管理机关与操作机构签订的合同草案；

（3）必要时制定教育活动质量评价标准（补充本条一般标准）；

（4）基于操作机构提供的信息进行教育活动质量独立评估；

（5）向制定国家教育政策和法规的联邦权力执行机关、俄罗斯联邦主体权力执行机关和地方教育管理机关提供教育活动质量独立评估结果和改善建议。

8. 为满足国家和市政需求，应按照俄罗斯联邦商品、工程和服务采购的相关法律法规，签订联邦和市政合同，规定有关收集、整理和分析教育活动质量信息等服务内容。制定国家教育政策和法规的联邦权力执行机关、俄罗斯联邦主体权力执行机关和地方教育管理机关根据合同内容，确定教育活动质量独立评估的操作规范，必要时向操作机构提供教育组织按国家和统计部门规定制定的公开信息（在此类信息未发布在教育组织官网的情形下）。

9. 实施教育活动质量独立评估的公共委员会在排除利益冲突可能性的前提下成立。其成员由公共组织的代表构成，人数不得少于5人。委员会成员在自愿基础上开展活动，活动信息由设立该委员会的国家和地方主管部门发布在其官网上。

10. 教育活动质量独立评价的结果由以下机关发布：

（1）制定国家教育政策和法规的联邦权力执行机关在其官网发布国家和市政机构的信息；

（2）俄罗斯联邦主体负责教育事务的执行权力机关和地方教育管理机关在其官网发布国家和市政机构的信息。

11. 教育活动质量独立评估结果的信息组成和发布程序由俄罗斯联邦政府授权的联邦权力执行机关的授权部门确定。

12. 制定国家教育政策和法规的联邦权力执行机关、俄罗斯联邦主体负责教育事务的权力执行机关和地方教育管理机关，为在其官网上发布俄罗斯公民关于教育活动质量的意见提供技术保障。

13. 对教育活动质量独立评估实施过程的监督应按照俄罗斯联邦法律规定的程序进行。

**2014年7月21日** 第216号联邦法律（2014年11月4日修订）《关于〈养老保险法〉和〈养老金法〉部分法律条款修改及失效的法令》第二十九条：2012年12月29日第273号联邦法律《俄罗斯联邦教育法》第四十七条第5款第5项中，"劳动养老金"改为

"保险养老金"。

**2014 年 12 月 31 日**   第 519 号联邦法律《关于修订〈俄罗斯社会经济超前发展区联邦法〉有关法规的法令》第 21 条：2012 年 12 月 29 日第 273 号联邦法律《俄罗斯联邦教育法》第 4 条第 8 款中，"斯科尔科沃创新中心"前新增"位于社会经济超前发展区的"。

**2014 年 12 月 31 日**   第 500 号联邦法律《关于修订部分俄罗斯联邦法规的法令》第三条对 2012 年 12 月 29 日第 273 号联邦法律《俄罗斯联邦教育法》作出如下修改。

1. 第六十九条第 8 款第一段表述如下："学习以下高等教育大纲的学生，为接受第二次高等教育或大学后教育。"

2. 第七十一条：

（a）第 1 款第一段中，"经国家认证的"后新增"和（或）依靠联邦预算拨款、俄罗斯联邦主体预算拨款和地方预算拨款，但没有国家认证的"；

（b）第 3 款中，删去"经国家认证的"。

3. 第九十一条第 12 款第 3 项中，"存在"前新增"根据教育活动许可的相关规定"。

4. 第九十二条：

（a）第 8 款中，删去"教学年度内有学生在读的所有职业教育大纲"；

（b）第 21 款表述如下："教育活动许可暂停时，国家认证自教育活动许可暂停之日起随之暂停。"

（c）第 22 款表述如下："因机构合并、分立或兼并等原因重组产生的教育组织，由国家认证机关发放临时认证证书。临时认证证书有效期为一年。兼并形成的教育组织在其已有国家认证到期前需重新办理国家认证。合并形成的教育组织已有的国家认证提前到期，需重新办理国家认证。"

（d）第 24 款中：删去第一段"申请国家认证的"；第一项失去效力。

（e）第 29 款中：第 2 项新增"退回国家认证申请材料及其附件的情形和理由"；第 5 项表述为"国家认证通过、不予通过、暂停、延期或失效的程序，包括国家认证合议机关的参与"；第 8 项失去效力；第 9 项新增（c）项，表述为"当前学年没有学生完成教育大纲规定的教育活动"。

5. 第九十三条：

（a）第 2 款表述为，"联邦国家教育质量检查是指，通过组织实施教育质量检查、采取本条第 9 款规定的措施，对教育组织实施的教育活动（按照经国家认证的教育大纲和联邦国家教育标准的要求实施）与学生培养是否协调一致进行评估的活动"。

（b）第 4 款中，"本条法律规定的实施和组织程序"改为"本条法律规定"。

（c）第 5 款第一段中，"联邦国家监督"修订为"国家监督"；第 2 项中，"教育法规要求"后新增"包括联邦国家教育标准的要求"。

（d）第 7 款表述如下。

7. 一旦本条第 6 款中的命令未被执行（包括违法机构或组织提交的执行报告不能证明其在规定期限内执行了命令，或者在规定期满前执行报告未提交），教育检查和监督机关可根据《俄罗斯联邦行政违法法典》规定的程序提起行政违法诉讼，再次发布命令以消除先前未解决的违法行为，全面或部分禁止该组织招生。再次发布命令的执行期限不得超过三个月。

（e）第 8 款表述如下。

8. 第二次命令执行期满前，违法教育组织应将附有命令执行完成的通知单交给教育检查和监督机关。在收到上述通知三十天内，教育检查和监督机关核查通知书内容。教育组织的招生自教育检查和监督机关第二次命令执行检查报告签署次日起恢复，或根据《行政违法法典》第 19.5 条第 1 款的规定，在停止因不存在行政违法行为而进行的行政违法检查活动的司法法令生效次日起恢复。如果法院作出追究教育组织领导人员未在规定期限内执行本条第 6 款中命令，或其未在规定时间内消除违法行为的行政责任的决定，则教育检查和监督机关有权完全或部分停止该教育组织的活动许可，并向法庭提出注销此许可的申请。此许可有效期截至法院判决生效之日。教育检查和监督机关可向未履行相应职责的俄罗斯联邦主体国家权力机关和地方自治教育机关的上级部门提出审查相应教育管理机关领导人员，并予以免职的建议。

（f）第 9 款表述如下。

出现经国家认证的教育大纲的内容和学生培养质量不一致的情形时，教育检查和监督机关有权全部或部分停止与教育层次、职业类别、专业和培养方向有关的国家认证，并规定消除上述不一致情形的期限。该期限不得超过六个月。规定期限到期前，教育机构应通知教育检查和监督机关违规行为改正情况，并附加证明文件。在收到上述通知三十天内，教育检查和监督机关核查相关材料。

按照教育检查和监督机关的规定，国家认证自教育检查和监督机关签署违规行为消除报告次日起恢复。如果实施教育活动的组织未在规定期限内消除违规行为，教育检查和监督机关有权完全或部分停止上述组织与教育层次、职业类别、专业和培养方向有关的国家认证。

6. 第一百条：

（a）删去第 1 款和第 2 款中的"经国家认证的"；

（b）第 3 款表述如下。

3. 招生控制数字按照公开竞争的结果分配，并由中等职业教育组织和高等职业教育组织按照经国家认证的职业、专业、培养方向或专业大类确定，除非本条法律有其他规定。招生控制数字也可由中等职业教育组织和高等职业教育组织按照未经国家认证的职业、专业、培养方向或专业大类确定，如果上述专业的教育大纲之前没有获得国家认证，则必须在确定招生控制数字三年前获得国家认证，且不得晚于招生控制数字范围内招收的学生的毕业时间。招生控制数字按照职业、专业、培养方向由以下机关确定：

对于国立和市立教育组织——国家机关或地方自治机关；

对于实施教育活动但没有国家高等教育大纲国家认证的私营机构——制定国家教育政策和法规的联邦权力执行机关；

对于实施教育活动但没有国家中等职业教育大纲国家认证的私营机构——俄罗斯联邦主体教育管理机关。

（c）第 4 款第一段表述如下："中等职业教育组织和高等职业教育组织确定招生控制人数的程序（包括招生总人数的程序）应获以下部门批准。"

第一零八条第 14 款中，删去"经国家认证的"。

**2014 年 12 月 31 日** 第 489 号联邦法律《关于修订部分俄罗斯联邦法规的法令》第四条：2012 年 12 月 29 日第 273 号联邦法律《俄罗斯联邦教育法》第三十二条第 3 款中，"不允许实施教育活动"后面新增"或玩忽职守"。

**2015 年 5 月 2 日** 第 122 号联邦法律《关于修改〈俄罗斯联邦劳动法典〉和〈俄罗斯联邦教育法〉第十一条和第七十三条的法令》（注释：2016 年 7 月 1 日生效）第 2 条：对 2012 年 12 月 29 日第 273 号联邦法律《俄罗斯联邦教育法》作出如下修改。

1. 第十一条第 7 款表述如下："制定联邦国家职业教育标准对职业教育大纲掌握情况的要求，尤其是对职业技能的要求时，应在相应职业标准（如有）的基础上进行。"

2. 第七十三条第 8 款表述如下："若本联邦法律无其他规定，则由教育组织实施的具体职业教育大纲［在职业大纲（如有）的基础上研制、批准，或根据教育组织对职业技能的要求确定］确定职业培训的期限。"

**2015 年 6 月 29 日** 第 198 号联邦法律《关于修改〈俄罗斯联邦教育法〉第二十九条和第六十五条的法令》对 2012 年 12 月 29 日第 273 号联邦法律《俄罗斯联邦教育法》作出如下修改。

1. 第二十九条第 2 款新增第 4.1 项，内容如下：

"有关确定父母（法定监护人）为子女在学前教育组织接受照管所支付的费用，在初等、基础和中等教育组织学习所支付的学杂费、住宿费（如果是寄宿制学校），或者在普通教育组织为课外延长时间支付的照管费用等的文件。"

2. 第六十五条：

（a）第 2 款表述如下。

2. 实施学前教育活动的组织的创立者有权规定向家长（法

定监护人）收取教育组织因对儿童实施照顾和看管产生的费用（以下简称：学前教育费用），若本联邦法律无其他规定，其还可规定学前教育费用收取的金额。创立者有权降低学前教育费用的金额，并规定在某些特殊情形或条件下不向某些类别的家长（法定监护人）收费。如果教育机构的创立者支付了学前教育费用，则父母无须支付该款项。

（b）第4款新增以下内容，"国立和市立教育组织向家长收取的学前教育费用，不应高于俄罗斯联邦主体法规根据其境内照顾和看管儿童的条件设置的最高数额"。

**2015 年 6 月 29 日**　第 160 号联邦法律《关于国家医疗组织和修改某些俄罗斯联邦法律的法令》第二十八条：修改《俄罗斯联邦教育法》。对 2012 年 12 月 29 日第 273 号联邦法律《俄罗斯联邦教育法》"第四条第 8 款"表述如下："考虑到莫斯科国立罗蒙诺索夫大学、圣彼得堡国立大学，以及位于斯科尔科沃创新中心、国际医疗服务聚集区、社会经济超前发展区的各组织和教学机构的特殊性，教育法律对其制定专门的联邦法律。"

**2015 年 7 月 13 日**　第 238 号联邦法律《〈俄罗斯联邦教育法〉修订法》对 2012 年 12 月 29 日第 273 号联邦法律《俄罗斯联邦教育法》作出如下修改。

1. 第二十三条：

第 2 款第 3 项新增"和（或）按照职业教育培训大纲"；

第 4 款第 3 项删去"职业培训大纲"；

2. 第六十八条第 4 款新增"和（或）教育和专业技能证书"；

3. 第七十一条：

第 4 款第 1 项中，"国际奥林匹克竞赛"后新增"以及相应竞赛举办后四年期间"；

第 12 款第一段中，"获奖者和优胜者，"后新增"相应奥林匹克竞赛举办后四年期间"；

4. 第九十二条第 22 款"教育活动临时认证"改为"临时认证"；

5. 第一零八条：

第 9 款中，数字"2016"改为"2017"；新增第 9.1 款，内容为"以合并形式形成的组织，应在之前国家教育活动认证有效期满前，重新申请国家教育活动认证"。

**2015 年 7 月 13 日**　第 213 号联邦法律《关于修改与通过〈符拉迪沃斯托克自由港法〉有关的法规的法令》第二十二条：2012 年 12 月 29 日第 273 号联邦法律《俄罗斯联邦教育法》第四条第 8 款中，"社会经济超前发展区"前新增"在符拉迪沃斯托克自由港的"。

**2015 年 12 月 14 日**　第 370 号联邦法律《关于修改〈军人地位法〉第十一条、第二十条和〈俄罗斯联邦教育法〉第八十六条的法令》第二条：2012 年 12 月 29 日第 273 号联邦法律《俄罗斯联邦教育法》第八十六条新增第 7 款。内容如下。

7. 隶属于本联邦法律第八十一条第 1 款中相应联邦国家机关、组织名称中带有"总统武备中学"、"苏沃洛夫军校"、"纳西莫夫海军军校"、"（海军）武备军校"、"哥萨克武备学校"的普通教育组织和组织名称中带有"军事音乐中学"的职业教育组织的学生，有权按照其所在教育组织隶属的联邦国家机关规定的情形和程序，免费乘坐火车、飞机和汽车（出租车除外）。

**2015 年 12 月 29 日**　第 404 号联邦法律《关于修改〈环境保护法〉和某些联邦法律的法令》第五条：2012 年 12 月 29 日第 273 号联邦法律《俄罗斯联邦教育法》第七十六条新增第 17 款。内容如下："负责Ⅰ～Ⅴ级危险品废物收集、运输、加工、利用、处理、存放的人员的示范性补充职业教育大纲由联邦国家环境保护机关批准。"

**2015 年 12 月 29 日**　第 389 号联邦法律《关于修改某些联邦法律的法令》第三条对 2012 年 12 月 29 日第 273 号联邦法律《俄罗斯联邦教育法》作出如下修改。

第四十七条第 6 款中，"教学、德育、科研工作"改为"教学、德育、科研工作，包括学生实践培养"。

第八十二条第 5 款表述如下。

5. 在本条第 4 款第 2、3 项所涉组织中开展的实践培训，应建立在教育或科学组织与医疗机构、医药用品生产企业、药店、法学鉴定机构，以及其他与公民健康相关的组织签订合同的基础上进行。上述合同的标准格式由制定国家卫生政策和法规的联邦权力执行机关同制定国家教育政策和法规的联邦权力执行机关协商后批准。合同中应包含确定实践培养活动形式的条例，与教学计划、教育组织和科学组织工作人员名单、参与学生数相适应的实践培养期限，合同各方使用必需物资的条件和程序，教育组织和科学组织工作人员、学生参与实践培养的程序，参加实践培训的学生和工作人员参与医学活动或药学活动（包括为公民提供医疗帮助）的程序等。包括为公民提供医疗帮助、学生在实践中造成危害（包括对患者）时教育组织和科学组织的责任。

**2015 年 12 月 29 日**　第 388 号联邦法律《关于注册和完善社会支持提供措施（基于需求标准所规定责任的针对性和适用性）有关法律的修改法令》第 7 条对 2012 年 12 月 29 日第 273 号联邦法律

《俄罗斯联邦教育法》第六十五条第 5 款内容表述如下："实施学前教育大纲的组织向儿童家长（法定监护人）提供物质补助以支持儿童的教育和德育，补助金额由俄罗斯联邦主体的规范性法律文件规定。俄罗斯联邦主体应对家中第一个在其境内学前教育组织中学习的孩子给予不少于家长（法定监护人）所缴学前教育费用的 20% 的补助，应对家中第二个孩子给予不少于家长（法定监护人）所缴学前教育费用的 50% 的补助，应对家中第三个及以后的孩子给予不少于家长（法定监护人）所缴学前教育费用的 70% 的补助。父母向国立和市立学前教育组织所缴学前教育费用的平均金额由俄罗斯联邦主体国家权力机关确定。向教育机构支付学前教育费用的家长（法定监护人）中的一人有权获得补助。在提供补助时，俄罗斯联邦主体国家权力机关有权在俄罗斯联邦主体法律和其他规范中作出必要说明。"

**2015 年 12 月 30 日**　第 452 号联邦法律（2016 年 7 月 3 日修订）《关于修改〈俄罗斯联邦不动产籍簿法〉和〈俄罗斯联邦教育法〉第七十六条有关完善地籍工程师活动的法令》第二条对 2012 年 12 月 29 日第 273 号联邦法律《俄罗斯联邦教育法》第七十六条第 7 款内容表述如下。

　　7. 示范性补充职业教育大纲由以下机关批准：

　　（1）国际间公路运输领域——由制定交通运输领域国家政策和法规的联邦权力执行机关确定；

　　（2）地籍活动领域——由调节国家不动产地籍维护、地籍登记和地籍活动领域问题的联邦权力机关授权部门确定。

**2015 年 12 月 30 日**　第 458 号联邦法律《关于修改〈俄罗斯联邦教育法〉的法令》对 2012 年 12 月 29 日第 273 号联邦法律《俄罗

斯联邦教育法》作出如下修改。

第七十一条第 7 款第 7 项中，"海关部门"前新增"俄罗斯联邦调查委员会"。

第七十八条第 5 款中，"国家学业奖学金"前新增"发放给大学生或研究生、临床医学生和艺术（专业）硕士的"。

第八十六条第 6 款中，"检察机关工作人员子女"后新增"任职期间因公受伤或健康受到损害而死亡，或因公健康受损而被解雇的俄罗斯联邦调查委员会职员的子女"。

第一零八条第 5 款第一段中，"1 月"改为"7 月"。

**2016 年 6 月 2 日**　第 166 号联邦法律《关于修改〈俄罗斯联邦教育法〉第九十六条的法令》第一条对 2012 年 12 月 29 日第 273 号联邦法律《俄罗斯联邦教育法》作出如下修改。

（1）第 3 款表述如下："雇主、雇主协会及其授权机构有权对教育机构使用的基础职业教育大纲、基础职业培训大纲和（或）补充职业大纲进行社会职业认证。"

（2）第 4 款表述如下："基础职业教育大纲、基础职业培训大纲和（或）补充职业大纲的社会职业认证是指，承认教育机构毕业生的培养质量和教育水平符合职业标准和劳动力市场对相应行业专家、工人和职员的要求。"

（3）第 5 款表述如下："在基础职业教育大纲、基础职业培训大纲和（或）补充职业大纲进行社会职业认证结果的基础上，雇主、雇主协会及其授权机构可以对上述教育大纲以及实施上述大纲的组织进行等级排名。"

（4）第 6 款表述如下："对基础职业教育大纲、基础职业培训大纲和（或）补充职业大纲进行社会职业认证的程序，包括把上述大纲的评估形式和方法、教育活动的组织原则、社会职业认证的期限和剥夺情形、教育机构和（或）学习上述教育大纲的毕业生提供给认证机构的权利，均由实施社会职业认证的机构确定。"

（5）第 7 款表述如下："实施社会认证和社会职业认证的机构应确保相关认证实施过程的公开有效，包括将相关信息上传至机构官网。"

（6）新增第 10 款，内容如下："按照俄罗斯联邦政府规定的程序，由联邦权力执行机关的授权机关制定和维持实施基础职业教育大纲、基础职业培训大纲和（或）补充职业大纲社会职业认证的机构清单。"

**2016 年 6 月 2 日**　第 165 号联邦法律《关于修改〈俄罗斯联邦教育法〉第一零八条的法令》：2012 年 12 月 29 日第 273 号联邦法律《俄罗斯联邦教育法》第一零八条第 14 款中，"2017 年"改为"2019 年"。

**2016 年 7 月 3 日**　第 290 号联邦法律《关于修改〈对现金支付的监督技术法〉和某些联邦法律的法令》第六条对 2012 年 12 月 29 日第 273 号联邦法律《俄罗斯联邦教育法》第七十六条新增第 7.1 条，内容如下："制定财务数据分析（财务数据处理的授权申请）的监控技术领域的示范性补充职业教育大纲的要求，由授权监督和控制现金支付技术的联邦权力执行机关批准。"

**2016 年 7 月 3 日**　第 313 号联邦法律《关于修改〈俄罗斯联邦教育法〉的法令》对 2012 年 12 月 29 日第 273 号联邦法律《俄罗斯联邦教育法》作出如下修改。

第六条第 2 款中，最后新增"以及儿童补充教育"。

第八条第 2 款中，"为市立教育组织中的儿童接受补充教育提供国家支持"，改为"为儿童接受补充教育提供国家支持，包括为在市立和私立教育组织中的儿童接受补充普通教育大纲提供财政保障"。

第四十一条：

第 1 款新增第 11 项，内容如下："培训教育工作者的急救技能。"

第 3 款表述如下："卫生保健领域的权力执行机关组织提供初级

医疗卫生援助。初级医疗卫生援助可以由医疗机构提供，也可由开展医疗活动的教育组织按照卫生保健方面的法律规定的程序提供。在实施体育运动领域的基础普通教育大纲、中等职业教育大纲、学士学位大纲、专家培养大纲、硕士学位大纲、职前补充教育大纲和艺术领域职前补充教育大纲的教育组织中，可由教育组织向学生提供初级卫生保健援助，也可由教育机构按照联邦主体国家权力机关规定的情形提供。教育组织有义务免费为医疗工作者提供符合医疗援助条件和要求的场所。"

第 4 款第 1 项表述如下："观察学生的健康状况。"

**2016 年 7 月 3 日** 第 359 号联邦法律《短语修改某些联邦法律的法令》第三条在 2012 年 12 月 29 日第 273 号联邦法律《俄罗斯联邦教育法》第三十六条第 5 款的"孤儿和无父母照管的弃儿"后新增"在就读期间失去双方或一方父母的人员"。

**2017 年 5 月 1 日** 第 93 号联邦法律《关于修改〈俄罗斯联邦教育法〉第七十一条的法令》对 2012 年 12 月 29 日第 273 号联邦法律《俄罗斯联邦教育法》第七十一条作出如下修改。

第 5 款中，删去"经联邦社会医疗鉴定机构鉴定其情况不妨碍其在教育组织中接受教育的"。

第 7 款第 2 项中，删去"根据联邦社会医疗鉴定机构的鉴定结果，不妨碍在相应教育组织中学习的"。

**2017 年 7 月 29 日** 第 216 号联邦法律《创新科技中心法和修改某些联邦法律的法令》第三十八条：修改《俄罗斯联邦教育法》。2012 年 12 月 29 日第 273 号联邦法律《俄罗斯联邦教育法》第四条第 8 款中，"符拉迪沃斯托克自由港"后新增"创新科技中心"。

**2017 年 12 月 29 日** 第 473 号联邦法律《关于修改某些与专门建筑管理有关的法律的法令》第五条对 2012 年 12 月 29 日第 273 号

联邦法律《俄罗斯联邦教育法》第三十六条第 5 款修订如下：

国家社会奖学金发放给孤儿和无父母照管的弃儿、在就读期间失去双方或一方父母的学生、残疾儿童、Ⅰ级和Ⅱ级残疾人员、在切尔诺贝利核泄漏事故和塞米巴拉金斯克核试验场受到辐射伤害的大学生群体，在服兵役期间因伤致残或致病的学生、参加过军事行动或有权获得国家社会性帮助的老兵，来自与俄罗斯联邦军事服务部门签订不少于三年期限合同的士兵、水兵、中士，以及按照 1998 年 3 月 28 日第 53 号联邦法律《兵役法》第五十一条第 1 项第 b~r 点、第 2 项第 a 点规定的原因退役的士兵大学生。国家社会奖学金也可提供给获得国家社会援助的大学生。国家社会奖学金自划拨到教育组织之日起分配给上述学生，国家社会援助的批准文件有效期为一年。

# 俄罗斯联邦儿童权益保障法

1998 年 7 月 24 日　第 124 号联邦法

1998 年 7 月 3 日　国家杜马通过

1998 年 7 月 9 日　联邦委员会批准

该联邦法律为《俄罗斯联邦宪法》规定的儿童合法权益提供基本保障，以便为实现儿童合法权益创造法律和社会经济条件。

童年是人一生中的重要阶段，国家遵循优先培养儿童社会适应性的原则，开展具有社会意义的创造性活动，培养其高尚的道德品质、爱国精神和公民意识。

## 第一章　总则

**第一条**　本法中使用的概念

为达到本联邦法制定的目的，使用以下术语。

儿童——未满 18 岁（成年）的个人。

生活困难儿童——无父母照顾的儿童；残疾儿童；健康状况受限儿童，即身体和（或）心理存在缺陷的儿童；因自然和人为原因、武装和民族冲突等受害的儿童；难民和被迫移民的家庭的儿童；处于极端条件下的儿童；受暴力迫害的儿童；在劳动教育院接受处罚的儿童；行为有偏差（社会危险）、必须在特定教育机构（开放或封闭的专门教育教养机构）接受特殊教育的儿童；低收入家庭儿童；行为障碍儿童；因客观环境因素人体机能受损，无法自理或无法在家庭帮助下克服此情况的儿童。

儿童的社会康复——使儿童恢复失去的社会联系和功能，提高其生活保障，加强关怀措施。

儿童的社会服务——无论其法律组织形式和所有制形式如何，都要为儿童提供社会服务（为生活困难儿童提供社会支持，医疗、心理、法律和物质等援助，保障其达到劳动年龄后就业）的组织，以及实施企业活动、提供社会服务的个人（非法人代表），其中包括儿童。

儿童的社会基础设施——儿童生活必需的客观物体（房屋、建筑物、设施），以及任何法律组织形式和所有制形式的组织机构，都要为包括儿童在内的居民提供社会服务和活动，以保障其卫生保健、教育娱乐、个人发展等社会需求的组织机构。

儿童的休闲与保健——在符合卫生防疫要求的条件下，采取一系列措施，以保证儿童在良好环境中的创造力发展和身体健康，开展体育活动，饮食规律，形成健康生活方式的一系列措施。

组织儿童的休闲与保健——儿童保健营地（郊外保健营、日常保健营及其他），专业营地（保健运动营、国防体育营、旅游营、劳动休闲营、生物生态营、技术营、方志营及其他），保健中心、基地和综合体，各种法律组织形式和所有制形式的机构，以及其他致力于服务和发展儿童休闲和保健的组织。

晚间——当地时间 22：00～次日 6：00。

儿童交易——买卖未成年人，开展与未成年人有关的交易，以剥削为目的实施的招募、运输、转移、窝藏和接收未成年人。

剥削儿童——组织未成年人卖淫及其他形式的性剥削，奴役未成年人，剥夺未成年人自由，非法摘取未成年人身体器官，以获利为目的非法收养未成年人。

贩卖和（或）剥削儿童——在任何情况下（无论未成年人本人同意与否）贩卖和（或）剥削未成年人。

**第二条　本法律调整的法律关系**

本联邦法律对俄罗斯联邦保障儿童基本权利和合法利益过程中产生的关系予以调节。

**第三条　俄罗斯联邦关于保障儿童基本权利的法律**

保障儿童基本权利的法律以俄罗斯联邦宪法为基础，由本联邦法律、其他联邦法规、俄罗斯联邦主体法律法规组成，以保障儿童合法权益。

**第四条　国家儿童权益政策的目标**

1. 国家儿童权益政策的目标：

（1）实现俄罗斯联邦宪法规定的儿童权利，禁止歧视，巩固儿童合法权益的基本保障，在其权益受到侵犯时予以恢复；

（2）形成保障儿童权利的法律依据；

（3）促进儿童身心、智力、精神和道德发展，培养其爱国主义精神和公民意识，使其人格利于社会福祉；在不违背俄罗斯宪法和联邦法律的前提下，尊重世界和俄罗斯各民族的传统及文化；

（4）保护儿童不受身心、智力、精神和道德发展的干扰因素的影响。

2. 国家将儿童权益政策作为优先政策，基于以下原则：

（1）立法保障儿童权利；

（2）支持家庭，以保障儿童的受教育、抚养、休息和保健的权利，为儿童全面适应社会生活做好准备；

（3）法人、公职人员和公民有责任保护儿童合法权益不受侵害；

（4）支持保护儿童权益的社会团休和其他组织。

**第五条　俄罗斯联邦国家权力机关和俄罗斯联邦主体国家权力机关对儿童权益保护的授权**

1. 俄罗斯联邦国家权力机关在儿童权益保护方面的授权包括：

（1）制定联邦儿童权益政策；

（2）选择儿童权益保障的优先活动方向，保护儿童健康发展和道德发展；

（3）制定、实施保护儿童合法权益的联邦专项纲要，确定负责执行纲要的部门和组织；

（4）确立儿童合法权益司法保护及其程序；

（5）履行俄罗斯联邦的国际义务，在国际儿童权益保护组织中代表俄罗斯联邦利益。

2. 落实国家儿童权益保护政策，解决孤儿、无父母照管的弃儿（在联邦国立教育组织中学习的儿童除外）、流浪儿童和残疾儿童的社会支持和社会服务问题，保障儿童休闲和保健（除节假期间的儿童休闲外），俄罗斯联邦主体国家权力机关授权部门履行以上职责。

# 第二章　俄罗斯联邦儿童权利保障的基本方针

**第六条　法律保障俄罗斯联邦儿童权利**

根据俄罗斯联邦宪法的规定，儿童出生后即享有作为人和公民的权利和自由，受到公认的国际法原则、俄罗斯联邦国际条约、本联邦法律、俄罗斯联邦家庭法和俄罗斯联邦其他法规的保护。

**第七条　协助儿童实现和保护自身合法权益**

1. 考虑到儿童的年龄和俄罗斯联邦法律对其行为能力范围的界定，俄罗斯联邦国家权力机关、俄罗斯联邦主体国家权力机关以及上述机关的公职人员，可以利用儿童权益保护的相关法律和程序，借助信息和其他途径向儿童解释其自身权利和义务，奖励履行义务的儿童，支持实际执法中保护儿童合法权益的行为等，促进和协助儿童实现自身合法权益的保护。

2. 考虑到儿童的年龄和俄罗斯联邦法律对其行为能力范围的界定，儿童父母（儿童代理人）应协助儿童完成旨在实现其自身合法权益的独立行动。

3. 教育、医疗、社会工作者、心理学家和其他专家在儿童教育、保健、社会服务等领域履行工作职责，协助儿童完成社会适应和社会康复，按照俄罗斯联邦法律规定的程序，参与国家机关和地方自治机关组织的有关儿童合法权益保护的活动。

4. 社会团体（组织）和其他非营利组织可以开展活动，帮助儿童做好行使权利和履行义务的准备。

**第八条　失去法律效力**

**第九条　教育活动中保护儿童权利的措施**

1. 在家庭或教育机构中开展教育活动，不能侵犯儿童权利。

2. 教育组织的管理机构无权阻止在八岁以上儿童的倡议下创立的学生公益社团。由政党创立的儿童公益社团、儿童宗教团体除外。

3. 除学习学前教育大纲和初等普通教育大纲的学生外，教育机构中的学生，有权独立或通过其选举的代表向教育争议处理委员会提出申请，处理教育关系参与者间的争端。

**第十条　保障儿童的健康权利**

为了保障儿童的健康权利，按照俄罗斯联邦法律规定的程序，在国立和市立卫生保健机构向儿童免费提供医学帮助，包括疾病防治、医疗诊断、治疗保健、预防观察、残疾儿童和慢性病儿童的医疗康复、儿童疗养治疗等。

第十一条　在职业指导、职业培训和就业领域保护儿童的合法权益

1. 根据俄罗斯联邦法律法规，俄罗斯联邦主体权力机关应开展相应活动，以保障年满 14 岁儿童获得职业指导和职业培训。

2. 在雇佣年满 15 岁的儿童时，应保障其工作报酬、劳动保护、休假，以及缩短工作时间。雇佣年龄在 18 岁以下的儿童时，其应享有可同时工作和接受培训、每年参加体检、获得就业岗位、终止劳动合同的权利，以及联邦法律规定的其他福利。

第十二条　保护儿童获得休息和健康的权利

俄罗斯联邦主体国家权力机关和地方自治权力机关在其职权范围内，可采取措施以保障儿童获得休息和健康的权利，同时维持并发展旨在改善儿童休息和健康条件的机构。俄罗斯联邦国家权力机关可以采取额外的财政措施，以保障儿童获得休息和健康的权利。

第十三条　为儿童建造社会基础设施时，保护儿童的合法权益

1. 俄罗斯联邦权力执行机关和俄罗斯联邦主体权力执行机关在决定有关区域内经济社会发展的问题时，应考虑到儿童基础设施的建造标准。上述建造标准由俄罗斯联邦政府制定，若俄罗斯联邦主体相关法律无其他规定，上述标准由俄罗斯联邦主体在考虑到地区差异和民族传统等因素后批准通过。

2. 俄罗斯联邦权力执行机关、俄罗斯联邦主体权力执行机关或地方自治机关在通过有关儿童基础设施重建和现代化改装、改用或废除国家和（或）市立儿童社会基础设施，重组或撤销国立和市立儿童社会基础设施建造组织的决定时，若评估委员会得出积极结论，认为上述决定能保障儿童生命、教育、发展、休闲和保健，提供其医疗帮助、疾病预防、社会保障和社会服务，则通过上述决定。

重建和改装、改用或废除国家儿童社会基础设施，重组或撤销国

立儿童社会基础设施建造组织的评估程序，包括评估标准和评估委员会成立程序，由俄罗斯联邦政府确定。

重建和改装、改用或废除俄罗斯联邦主体或市立所有的儿童社会基础设施，重组或撤销俄罗斯联邦主体和市政儿童社会基础设施建造组织的评估程序，包括评估标准和评估委员会成立程序，由俄罗斯联邦主体国家权力机关确定。

3. 同儿童社会基础设施有关的国有财产（土地、房屋、建筑、设备和其他财产），为了儿童教育、发展、休闲和健康而产生、划分或取得的财产，除用于上述目的外，只能用于儿童医疗帮助、疾病预防、社会保障和社会服务等目的。

属于俄罗斯联邦主体所有的财产，用于保障儿童教育、发展、休闲和健康，向其提供医疗帮助、疾病预防、社会保障和社会服务的财产，按照俄罗斯联邦法律和俄罗斯联邦主体法律规定的程序使用。

4. 如果国立和市立儿童社会基础设施的建造组织欲出租其私有财产，则签订出租合同前，其创立者应先按照本条第 2 款规定的程序，对合同保障儿童生命、教育、发展、休闲和保健，提供其医疗帮助、疾病预防、社会保障和社会服务等情况进行评估。若评估结论确定合同存在不利于上述保障实施的条件，则不得签订出租合同。

5. 改变市属财产（土地、房屋、建筑、设备和其他财产）、改变用于儿童教育、发展、休闲和健康的财产的用途的程序，在初期设立（获得，改变用途）条件足以保障上述目的的前提下，由地方自治机关确定。

6. 失去法律效力。

7. 用于儿童社会基础设施建设的国有或市属财产，可按照法律规定的程序更改其所有权形式。

**第十四条** 保护儿童免受有害于其健康、精神和道德发展的信息宣传和鼓动

1. 俄罗斯联邦国家权力机关应采取措施，保护儿童免受有害于其健康、精神和道德发展的信息宣传和鼓动，包括国家、阶级和社会不容忍的信息，酒精和烟草产品广告，关于社会、种族、民族和宗教不平等的宣传，色情信息，宣传非传统性关系的信息，宣传残忍暴力、吸毒、反社会行为的印刷品和音像制品。

2. 为了保护儿童健康和发展免受有害信息伤害，2010 年 12 月 29 日第 436 号联邦法律《关于儿童健康和发展免受信息危害法》对在儿童群体内信息的传播作出明确规定，包括遵照该法对信息产品实行分类、鉴定、国家监管提出要求。

3. 为了保障儿童的生命安全、健康和道德免受消极因素影响，可按照俄罗斯联邦政府授权部门规定的程序，利用桌面游戏、电脑游戏和其他游乐设施，对儿童进行测试（社会、心理、教学、卫生）。

**第十四（一）条** 促进儿童身心、智力、精神和道德发展的措施

1. 为了促进儿童身心、智力、精神和道德发展，形成健康的生活方式，俄罗斯联邦国家权力机关、俄罗斯联邦主体国家权力机关和地方自治机关应在其职权范围内，为创建体育运动机构、文化组织、儿童社会基础设施建造机构等创造条件。

2. 父母（其替代者）有义务照顾子女的健康，促进其身体、心理、精神和道德发展。从事儿童教育、发展和保健活动，儿童社会保护、社会服务、社会适应、社会康复及其他有儿童参与的类似活动的人员（以下简称：儿童活动组织者），在其职权范围内，促进儿童身体、智力、精神和道德发展。

俄罗斯联邦国家权力机关、俄罗斯联邦主体国家权力机关和地方自治机关在其权限内，应协助上述人员履行义务，促进儿童身体、智力、精神和道德发展。

3. 为了防止损害儿童健康，促进身心、智力、精神和道德发展，俄罗斯联邦主体法律可以规定：

禁止儿童（未达到 18 岁的人员）出入出售色情产品的场所，啤酒屋、酒馆和其他仅出售（含）酒精饮料的场所，以及其他有害于儿童健康、身心、智力、精神和道德发展的场所；

禁止儿童（未达到 18 岁的人员）在没有父母（其替代者）或儿童活动组织者的陪同下，夜间逗留于公共场所，包括街道、体育馆、公园、广场、公共交通工具中，以及提供上网、餐饮、娱乐服务、依法零售（含）酒精饮料的场所；

在本款上述第二段、第三段的场所中发现儿童，通报其父母（其替代者）、儿童活动组织者和（或）内务部门的程序，以及向上述人员和部门移交儿童，或在没有上述人员、无法确认上述人员位置和存在其他阻碍的情况下，向提供社会康复服务的机构移交儿童的程序。

4. 俄罗斯联邦主体根据本条第 3 款，有权：

基于地方文化和当地传统，规定儿童在夜间无父母（其替代者）或儿童活动组织者陪同的情况下，其不得进入公共场所，以避免对其健康、身心、智力、精神和道德发展造成危害；

考虑到季节、气候和其他条件，减少儿童夜间活动时间，若此期间儿童在夜间无父母（其替代者）或儿童活动组织者陪同，不得进入规定公共场所；

考虑到地方文化和当地传统，可降低夜间无父母（其替代者）或儿童活动组织者陪同情况下出入规定公共场所的儿童年龄，但不得多于两岁。

5. 俄罗斯联邦主体根据本条第 3 款第三段作出的关于儿童在夜间无父母（其替代者）或儿童活动组织者陪同的情况下乘坐公共交通工具的规定，若指定交通工具的行车路线经过两个或更多俄罗斯联邦主体，则其参照联邦主体间签订的协议和措施程序予以落实。

6. 为了评估、确定可能对儿童健康、身心、智力、精神和道德造成伤害的地点，以及夜间无父母（其替代者）或儿童活动组织者陪同情况下儿童不得进入的公共场所，应设立专门的评估委员会。该委员会的组建程序和运行流程由俄罗斯联邦主体的法律法规制定。

7. 地方自治机关可根据本条第 3 款的规定，按照俄罗斯联邦主体法律规定的程序制定其教育辖区内禁止儿童出入的地点和场所。

8. 根据俄罗斯联邦主体法律规定，对于儿童父母（其替代者）、儿童活动组织者以及从事与儿童领域相关的企业活动的法人或个人，如果未遵守有关促进儿童身心、智力、精神和道德发展的法律要求，或未能预防儿童造成伤害，上述人员应负有行政责任。

**第十四（二）条　打击贩卖和（或）剥削儿童行为的措施**

1. 俄罗斯联邦国家权力机关、俄罗斯联邦主体国家权力机关和地方自治机关在其职权范围内，可采取措施打击贩卖和（或）剥削儿童的行为。

2. 俄罗斯联邦国家权力机关、俄罗斯联邦主体国家权力机关和地方自治机关在其职权范围内，应采取措施向受害儿童及其父母（其替代者）提供必要的教育、心理、医疗和法律援助。

3. 社会团体（组织）和其他非营利组织可协助俄罗斯联邦国家权力机关、俄罗斯联邦主体国家权力机关和地方自治机关实施打击贩卖和（或）剥削儿童的措施，向受贩卖和（或）剥削的受害儿童及其父母（其替代者）提供必要的教育、心理、医疗和法律援助。

4. 根据俄罗斯联邦法律规定，犯有与贩卖和（或）剥削儿童有关的罪行的俄罗斯联邦公民、外国公民和无国籍人士负有刑事、民事和纪律责任。

5. 法人为以下行为负有法律责任：为贩卖和（或）剥削儿童创造条件，提供房屋、交通工具或其他物资；为贩卖和（或）剥削儿童的人员提供服务、创造生活条件；为贩卖和（或）剥削儿童提供资金；制造、获取、保存、运输、散发、公开展示俄罗斯联邦法律规定的未成年人淫秽资料或物品。本规定适用于俄罗斯联邦法律规定情形下的外国法人。

6. 对违法贩卖和（或）剥削儿童、违法制造和（或）交易未成年人淫秽资料或物品的法人，追究法人中自然人的刑事责任或其他责任。反之同样适用。

**第十五条　保护生活困难儿童的权利**

1. 第一段失去法律效力。

俄罗斯联邦主体国家权力机关根据俄罗斯联邦主体法律的规定，保护生活困难儿童的权利（在联邦国家教育组织中生活和学习的儿童除外）。在联邦国家教育组织中生活和学习困难儿童的权利，由俄罗斯联邦国家权力机关按照俄罗斯联邦法律的规定予以保障。

国家保障对生活困难儿童的司法保护。

2. 失去法律效力。

3. 社会团体（组织）和其他非营利组织，包括国际团体（组织）在俄罗斯联邦的代表办事处，根据公认的原则和国际法规、俄罗斯联邦国际条约、俄罗斯联邦法律和俄罗斯联邦主体法律的规定，开展保护生活困难儿童权利的活动。上述团体（组织）有权按照司法程序，对不正当损害或侵犯生活困难儿童权利的国家权力机关公职人员、机构、个人，包括父母（其替代者）、教师、医生和从事儿童相关领域工作的其他人员提出异议。

4. 涉及儿童参与和（或）儿童合法权益保护的诉讼外程序，以及对未成年违法行为的处罚决定时，国家和地方权力机关公职人员应根据公认的原则、国际法规和俄罗斯联邦国际条约的规定向其提供援助，包括俄罗斯联邦法律规定的对未成年人的人道主义援助。

必须结合儿童的年龄特点和社会地位，保证涉及儿童参与或其权益的执法程序（行动）的专业化，以保障儿童的个人和社会福利。

在未成年人不受刑事责任追究或处罚的条件下，法院可以对其采取强制性教育感化措施。此类措施不适用于在特殊教育条件下，对教学方法（开放式或封闭式特殊教育机构）有特殊要求的有行为偏差（社会危害）的学生，或者在医疗机构中需要接受社会康复的未成年人。

若涉及儿童参与或与儿童权益相关的执法程序（行为）实施过程中，需要教学、心理、医疗、法律援助和社会康复，不论审查对象是谁，实施执法程序（行为）的公职人员都应通知主管部门采取必要措施，并请求通报其采取行动。

# 第三章　保障儿童权利的组织框架

**第十六条**　俄罗斯联邦保障儿童权利的联邦权力执行机关和俄罗斯联邦主体权力执行机关

1. 联邦权力执行机关落实儿童权益方面的国家政策，包括在教育、卫生保健、社会保障、社会服务、协助儿童进行社会适应和社会康复、保障其就业和劳动保护、防止忽视儿童和违法行为、组织儿童和家庭休闲活动、国家对社会团体（组织）和其他非营利组织提供支持等权限，以及俄罗斯联邦法律规定的其他领域的权限，由俄罗斯联邦总统和俄罗斯联邦政府确定。

2. 失去法律效力。

3. 俄罗斯联邦主体权力执行机关落实儿童权益方面国家政策的权限，由俄罗斯联邦主体法律调节。

**第十七条~第二十条  失去法律效力**

**第二十一条  实行国家儿童权益政策的措施的资助**

实行国家儿童权益政策的联邦措施的资金来源于联邦预算、预算外资金，以及俄罗斯联邦主体法律规定的俄罗斯联邦主体预算资金。

**第二十二条  俄罗斯联邦儿童地位的国家报告**

俄罗斯联邦每年制定儿童地位国家报告，以保障俄罗斯联邦国家权力机关客观、系统地分析俄罗斯联邦儿童的地位及其变化趋势。

俄罗斯联邦儿童地位国家报告由俄罗斯联邦政府提交俄罗斯联邦会议。其制定程序和传播（包括公布）由俄罗斯联邦政府决定。

# 第四章  本联邦法律实施的保障措施

**第二十三条  解决本联邦法律实施过程中争端的司法程序**

1. 父母（其替代者）及从事儿童教育、卫生保健、社会保障和服务，协助儿童进行社会适应、社会康复和（或）其他有儿童参与的活动的人员，有权按照俄罗斯联邦法律规定的程序向法院提起申诉，要求赔偿儿童在健康、财产和精神方面受到的伤害。

2. 法院审理保护儿童合法权益的案件时，不收取国家费用。

# 第五章  最终条款

**第二十四条  本联邦法律的生效**

1. 本联邦法律自正式公布之日起生效。

2. 本联邦法律第七条第 3 款，第九条第 3 款，第十三条第 3、4、6、7 款，第十五条第 3 款和第二十三条第 2 款于 1999 年 7 月 1 日起生效。

3. 本联邦法律第八条自 2000 年 1 月 1 日起生效。

**第二十五条　按照本联邦法律制定的法令**

俄罗斯联邦总统和俄罗斯联邦政府应按照本联邦法律制定自己的法令，并与本联邦法律保持一致。

图书在版编目（CIP）数据

俄罗斯教育法律选译／王云龙主编；公蕾译．--
北京：社会科学文献出版社，2018.11
（国外教育法律译丛）
ISBN 978 - 7 - 5201 - 3526 - 9

Ⅰ.①俄…　Ⅱ.①王…②公…　Ⅲ.①教育法 - 俄罗
斯　Ⅳ.①D951.221.6

中国版本图书馆 CIP 数据核字（2018）第 220876 号

国外教育法律译丛
**俄罗斯教育法律选译**

丛书主编／王云龙
译　　者／公　蕾

出 版 人／谢寿光
项目统筹／高振华
责任编辑／高振华　高欢欢

出　　版／社会科学文献出版社·区域发展出版中心（010）59367143
　　　　　　地址：北京市北三环中路甲 29 号院华龙大厦　邮编：100029
　　　　　　网址：www.ssap.com.cn
发　　行／市场营销中心（010）59367081　59367018
印　　装／三河市龙林印务有限公司

规　　格／开 本：787mm×1092mm　1/16
　　　　　　印 张：12.5　字 数：168 千字
版　　次／2018 年 11 月第 1 版　2018 年 11 月第 1 次印刷
书　　号／ISBN 978 - 7 - 5201 - 3526 - 9
定　　价／69.00 元